AMERIKA

AMERIKA

Martin W. Sandler · Fotografien von Getty Images

coventgarden

coventgarden
BEI DORLING KINDERSLEY

PROJEKT- UND BILDBETREUUNG
BARBARA M. BERGER

GESTALTUNG
TIMOTHY SHANER, NIGHT & DAY DESIGN

CHEFLEKTORAT
SEAN MOORE

LEKTORAT
LAVONNE CARLSON

BILDREDAKTION
TINA VAUGHAN, DIRK KAUFMAN

HERSTELLUNG
DAVID PROFFITT

ASSISTENZ BILDREDAKTION
LAARNIE RAGAZA

Die Deutsche Bibliothek – CIP-Einheitsaufnahme
Ein Titeldatensatz für diese Publikation ist bei
Der Deutschen Bibliothek erhältlich.

Titel der amerikanischen Originalausgabe:
America: A Celebration!

Übersetzung Michael Müller, Köln
Redaktion Christel Opeker und Karin Opeker, Freiburg
Satz Berthold Bell, Köln
Umschlaggestaltung Mark Thomson, International Design UK Ltd., London

ISBN 3-8310-9000-9

Druck: Firmengruppe Appl, Wemding
Bindung: Großbuchbinderei Monheim

Inhalt

Vorwort

Es läuft eine Menge schief in Amerika. Die Demokratie leidet darunter, dass nicht genug Menschen wählen gehen. Im Land des Überflusses gibt es zu viel Armut. Zu viele von uns leben ohne ausreichende ärztliche Versorgung. Unser Bildungssystem kann nicht gerade das Vorbild der Industrienationen genannt werden. Wir haben die Welt nicht zu dauerhaftem Frieden geführt und billigen den Krieg immer noch als ein Mittel der Außenpolitik.

Dies sind die dunklen Seiten – doch keines der Probleme dürfte unüberwindbar sein für ein Volk, dessen Optimismus sprichwörtlich ist und das Werke von bleibendem Wert geschaffen hat. So düster die Wolken über uns auch sein mögen, die Leistungen dieses Landes und seiner Bürger vermögen sie nicht in den Schatten zu stellen. Im vorliegenden Buch wird diese Seite der amerikanischen Geschichte gefeiert.

Hier finden sich dank der Kunst der Fotografen großartige Darstellungen dieses Abenteuers, das Amerika – trotz seiner Probleme – zu einem Mekka für die Ehrgeizigen und Unterdrückten in aller Welt gemacht hat.

In diesen Bildern und Texten ist der Geist der Menschen zu finden, die aus allen Ländern hierher kamen, um die unglaublichen Wunder der Natur zu bereichern und in den Wäldern und Prärien ihr Auskommen zu finden.

Eine Bildunterschrift dieses Buches zitiert Walt Whitman, der schrieb, dass in Amerika »die Menschen die Poesie sind«. Genau davon handelt dieses Buch – es ist ein Buch der Poesie.

Walter Cronkite

1839 Nur neun Monate, nachdem Louis-Jacques-Mandé Daguerre die Welt mit dem Wunder der Fotografie in Erstaunen versetzt hatte, entstand dieses Selbstbildnis von Robert Cornelius (*links*). Es ist das früheste Foto von Belang, das in den Vereinigten Staaten aufgenommen wurde.

Einführung

Im Jahre 1829 machte sich James Madison, der »Vater der Verfassung der Vereinigten Staaten«, seine Gedanken über den Zustand der USA – gut 50 Jahre, nachdem der historische Entwurf für die Regierung geschaffen worden war. »Die glückliche Einheit dieser Staaten grenzt an ein Wunder«, schrieb Madison, »ihre Verfassung ist ein Wunder: ihr Beispiel die Hoffnung auf Freiheit in der ganzen Welt«. Heute, mehr als 170 Jahre später, sind unsere Staaten fester verbunden als je zuvor; unsere Verfassung bleibt ein Wunderwerk, und Menschen auf der ganzen Welt betrachten Amerika weiterhin als Modell und Hoffnung der Freiheit.

Dieses Buch zeichnet den Weg dahin auf. Es stellt ein Panorama der Geschichte Amerikas aus der Sicht der Fotografen dar und feiert eine 161-jährige Liebesbeziehung zwischen einem Volk und einem Medium: Die Fotografie dokumentierte die Nation und half ihr zu wachsen.

Sowohl die Vereinigten Staaten als auch die Fotografie sind relativ jung. Angesichts Amerikas Platz in der Welt verliert man leicht aus den Augen, dass das Land unter den größeren Staaten der Erde noch ein Kind ist, und auch, dass die Fotografie trotz ihres Einflusses seit weit weniger als 200 Jahren existiert. Bis auf die ersten sechs Jahrzehnte seiner Existenz als Republik war Amerika ständig im Visier der Kamera. Die Fotografen haben dauerhafte Dokumente unseres vergangenen Wirkens geschaffen, die uns helfen, zu verstehen, wer wir sind.

Fotos findet man überall. Es gibt, wie der Fotohistoriker Peter Turner bemerkte, mehr Fotografien als Ziegelsteine. Ob es wohl jemanden gibt, der noch nie ein Foto gesehen hat? Und wie viele Menschen waren noch nie auf einem drauf? Die bloße Anzahl sagt jedoch nicht viel über den Einfluss aus, den die Fotografie auf unser Leben hat.

Die Fotografie ist ganz einfach die universelle Volkskunst, die demokratischste

1986 Die Freiheitsstatue wird 100 (*links*).

1864 Der Unionsgeneral und spätere Präsident Ulysses S. Grant (*rechts*).

Einführung

Ausdrucksform, die die Welt je kannte. Sie ist auch zu einer Art Weltsprache geworden, die als Form der Kommunikation vielleicht sogar das Lesen und Schreiben übertrifft. Und genau wie die Fotografie von Anfang an von ihrer Umgebung geprägt wurde, hat sie wiederum Ereignisse geformt und unsere Sicht auf die Welt verändert. Dorothea Lange hat uns darauf hingewiesen: »Die Kamera ist ein Instrument, das den Menschen beibringt, wie man ohne Kamera sieht.«

Die Bilder in diesem Buch stammen von Fotografen aus allen Milieus, darunter auch zahlreiche von einigen der anerkanntesten Fotografen der Geschichte, wie Walker Evans, Ernst Haas, Gordon Parks, Dorothea Lange, Jacob Riis, Weegee, Lewis Hine, Slim Aarons, Timothy O'Sullivan, Carleton Watkins und Marion Post Walcott.

Doch legt dieses Buch – neben den lebhaften Darstellungen der Prominenten, Antreiber und Aufrüttler jeder Dekade – die Betonung auf die Freuden und Sorgen des Alltags, die das Herzstück jeder Sozialgeschichte sind. Hunderte Bilder stammen daher von Amateuren und namenlosen Profis. Ihre Fotos erinnern daran, dass quasi jedes Bild eine historische Aufnahme darstellt. Und unabhängig davon, wie viel sie über eine Zeit und einen Ort aussagen, erinnert doch jedes einzelne Foto an eines der ältesten Ideale der Demokratie, nämlich das,

1887 Einwandererkinder salutieren vor der Flagge (*oben*).

1926 Waschechte Flatters beim Charleston (*rechts*).

aus »jedem Menschen einen Historiker« zu machen.

Im Rückblick auf seine Karriere hielt der Fotograf Lewis Hine fest: »Ich wollte zwei Dinge tun. Ich wollte das zeigen, was geschätzt werden sollte. Und ich wollte das zeigen, was geändert werden muss.« *America: A Celebration!* zeigt viele Dinge, die über die Jahrzehnte zu ändern waren, und auch, wie Amerikaner daran gearbeitet haben, sie zu ändern. Die eigentliche Absicht ist es jedoch, das herauszustellen und zu feiern, was Wertschätzung verdient.

In diesem Buch werden Sie entdecken, wie die Kamera die grandiose Schönheit des ungezähmten Landes und die Entschlossenheit und den Mut der Menschen, die den riesigen Kontinent besiedelten, als stetiger Augenzeuge begleitet hat. Sie werden dem Erfindergeist begegnen, der die Nation in einen industriellen Riesen verwandelte und ihren Bürgern den höchsten Lebensstandard der Welt verschaffte. Sie werden entdecken, wie Amerikaner spielen lernten und dann Spiel und Unterhaltung zu einer Kunstform erhoben. Und Sie werden Zeuge der Liebe einer Nation zu Maschinen. Sie werden sehen, wie sich ein rastloses Volk, angefangen mit Dampfschiffen über Busse, Züge und Autos bis in den Himmel und darüber hinaus stetig selbst in Bewegung hielt.

Viele Fotos in diesem Buch beziehen sich direkt auf das, was der Historiker Oscar Handlin zu Papier brachte: »Einst dachte ich daran, die Geschichte der Einwanderer Amerikas zu schreiben. Dann erkannte ich,

Einführung

dass die Einwanderer Amerikas Geschichte *waren.*« Viele der Bilder machen deutlich sichtbar, dass die Vereinigten Staaten stets ein Magnet für Träume waren, der Menschen aus aller Welt auf der Suche nach einem besseren Leben anzog. Andere Bilder zeigen, wie förderlich diese Zufuhr neuer Energie für die Herausbildung der Nation war. Die Fotos zeigen auch, dass die Geschichte Amerikas mehr als bei jedem anderen Land die Geschichte eines Regenbogens von Menschen verschiedener Farben, Religionen und Ursprünge ist, die das Land mit ihren jeweils eigenen Beiträgen auf ungezählte Arten bereichert haben.

Zu den eindrucksvollsten Bildern in diesem Buch gehören die Fotos der mannigfaltigen Naturwunder der weiten Landschaft Amerikas: die Berge, die Flüsse, die Täler und Wüsten, die Weite und die Schönheit eines Landes, das uns als eine Nation bestimmt. Auch Aufnahmen, die die Energie und Vitalität der amerikanischen Städte zeigen, fehlen nicht. Viele frühe Bilder stammen von vollendeten Pionieren der Landschaftsfotografie wie Timothy O'Sullivan, Carleton Watkins, William Henry Jackson und John Hillers. Eine große Anzahl der heutigen Schauplätze hat Ernst Haas festgehalten, ein moderner Meister der Farbe.

Zuallererst aber bringen die Bilder in diesem Buch den unerschütterlichen Geist des amerikanischen Volkes zum Vorschein. Die Vereinigten Staaten hatten und haben natürlich ihre wirtschaftlichen Nöte, Konflikte, Ungerechtigkeiten und sozialen Probleme.

Aber immer wieder finden wir auf den Fotos Amerikaner, die daran arbeiten, diesen Übeln abzuhelfen, sich den veränderten Umständen anzupassen und sich in neue und bessere Richtungen zu bewegen. Da sind führende Bürgerrechtler und gewöhnliche Leute, weiß wie schwarz, die sich für lange überfällige Rechte und Chancen für Afroamerikaner und andere Minderheiten einsetzen. Da sind Frauen, die für das viel zu lange verweigerte Wahlrecht kämpfen und endlich Erfolg haben. Und da sind amerikanische Ureinwohner, die stolz ihre uralten Fertigkeiten und Traditionen demonstrieren.

Die meisten hier vertretenen Fotografen haben unerschrocken mit dieser Haltung sympathisiert. Dorothea Lange, die

1984 Die siegreiche amerikanische Olympia-Staffel (*oben*).

1995 Ein Powwow, eine rituelle Versammlung amerikanischer Ureinwohner (*rechts*).

mit ihrem Blick für das Wesentliche die Opfer der Weltwirtschaftskrise porträtierte, hat es am besten ausgedrückt: »Sie waren alle entwurzelt. Ihr einziger Hintergrund bestand aus äußerster Armut . . . Ich brauchte meine Kamera, um etwas von diesen Leuten zu vermitteln, das wichtiger war als ihre Armut – ihren Stolz, ihre Kraft, ihren Mut.«

Die letzten Bilder in diesem Buch stellen dar, wie Amerikaner im ganzen Land das 20. Jahrhundert verabschiedeten und das neue Millennium begrüßten, das noch größere Veränderungen mit sich bringen wird. Manches ist jedoch gewiss. Auch am Ende des neuen Jahrhunderts wird es noch Männer und Frauen geben, die in der Kamera ein hochrangiges Ausdrucksmittel finden. Es wird Millionen neuer Fotos geben, von denen sich viele im Gedächtnis der Öffentlichkeit einbrennen werden. Und es wird Politiker, Schriftsteller, Sportler, Schauspieler, Künstler und ganz normale Bürger geben, die jenen Lebensteppich weben, der in diesem Buch eingefangen ist.

Im Jahr 1835 schrieb der scharfsinnige französische Beobachter Alexis de Tocqueville: »In Amerika habe ich die ... glücklichsten [Menschen] der Welt gesehen ... Man findet dort ... Leute, die aus Angst, die beste Abkürzung zum Glück zu verpassen, ständig den Weg wechseln.« Tocqueville lag richtig. Das Streben nach Glück ist nicht nur in dem kostbarsten Dokument des Volkes, der Verfassung, sondern auch im nationalen Wesen verwurzelt. Dass so viele Amerikaner es trotz aller Widrigkeiten und Hindernisse erlangt haben, ist ein echter Grund zum Feiern.

MARTIN W. SANDLER

1849-1899

1849-1899

1896 Henry Ford (1863–1947) hat das Automobil nicht erfunden. Aber er stellte die Autoherstellung erfolgreich auf die Fließbandproduktion um und produzierte einen Kraftwagen für die Massen. Schließlich wurden über 15 Millionen Ford-Autos, liebevoll »Tin Lizzies« genannt, verkauft.

Im 19. Jahrhundert begann ein technisches »Wunder« – die Fotografie –, die Art zu ändern, wie Menschen die Welt sahen. Fotografen, die an Regierungsexpeditionen teilnahmen, stellten den Amerikanern ihren unbesiedelten Westen vor. Auf der Suche nach einem neuen Leben machten sich ab 1870 Millionen auf die lange, mühsame Reise in die unberührten Ländereien.

Zur gleichen Zeit strömten Einwanderer aus aller Herren Länder nach Amerika und veränderten Gesicht und Charakter der Nation. Sie wurden von einer technologischen Revolution begleitet, infolge welcher ein transkontinentales Eisenbahnsystem die Küsten bald mit zwei Bändern aus Stahl verband. Und gegen Ende des Jahrhunderts arbeiteten Bastler und Ingenieure bereits intensiv an einer neuen Apparatur, Automobil genannt.

1886 Der Homestead Act von 1862 sah vor, dass jeder Bürger über 21 Jahre für einen symbolischen Preis sowie das Versprechen, den neuen Besitz zu bestellen und für mindestens fünf Jahre darauf zu leben, 160 Morgen öffentlichen Landes im Westen erhalten konnte. Hier posiert eine Siedlerfamilie stolz an dem Ort im Loup Valley (Nebraska), an dem einmal ihre neue Heimat werden soll. *(vorige Seiten)*

1861 Die Kuppel des Capitols in Washington D.C. während seiner Errichtung, ungefähr zu der Zeit, als Präsident Abraham Lincoln sein Amt antrat. Die ursprüngliche Kuppel des Gebäudes fiel im Krieg von 1812 einem Brand zum Opfer, die spätere Kuppel wurde vom Architekten Charles Bullfinch entworfen.

um 1890 Auf einer geologischen Erkundungsreise in den amerikanischen Westen schoss Timothy O'Sullivan dieses berühmt gewordene Bild der Überreste der Anasazi-Felsenarchitektur im Canyon de Chelly Arizonas (*links*).

1890 Eine Gruppe amerikanischer Pueblo-Indianer aus dem Dorf Acoma (New Mexico) versammelt sich vor der Mission San Estéban del Rey, um einen Festtag zu begehen.

1871 Eine Pawnee-Familie vor ihrem Erdhaus bei Loup (Nebraska) (*folgende Seiten*). Die meisten Pawnees lebten zu dieser Zeit als Nomaden in Tipis und folgten den Büffeln und anderem Wild über die amerikanischen Plains.

um 1880 Ein eingeborener Amerikaner vom Stamm der Blackfoot raucht im Mondlicht vor seinem Tipi (*links*). Die Aufnahme entstand im Lager seines Stammes im Reservat des Glacier-Nationalparks in Montana.

um 1885 Gruppenporträt von vier Führern amerikanischer Ureinwohner mit ihrem Dolmetscher, nachdem der lange Kampf um ihre Landrechte und den Erhalt ihrer Lebensweise beendet war. Vorne links der legendäre Sitting Bull (1834–1890), der die Sioux 1876 in der Schlacht am Little Bighorn gegen Lieutenant Colonel George Custer führte.

1880 William Henry Jackson war einer der besten Fotografen des Westens. Hier ist er selbst zu sehen – bei der Aufnahme der kalifornischen Yosemite Falls vom Glacier Point aus.

um 1873 Die frühen Fotografen suchten möglichst eindrucksvolle Bilder von der unberührten Landschaft des Westens zu schaffen. Zu den beliebtesten Motiven gehörten die Spiegelungen der Berge in den vielen Seen der Region.

um 1870 Ferdinand V. Hayden leitete eine der umfangreichsten geologischen Vermessungen im Westen Amerikas. Hier sehen wir sein Lager bei Pelican Creek, etwa 25 km östlich des Yellowstone Lake (Wyoming).

1868 Timothy O'Sullivan bahnt sich seinen Weg durch die Carson-Wüste in Nevada (*rechts*). Er dokumentierte im Auftrag der US-Regierung die geologische Erkundung des 40. Breitengrads (1867–1869). Die Vermessungsfotografen mussten brüllende Hitze und bittere Kälte ertragen, doch durch ihre Bilder wurden sie zu Pionieren der Landschaftsfotografie.

1855 Der Dichter Walt Whitman (1819–1891) im Alter von 36 (*links*). Seine Gedichtsammlung *Leaves of Grass* war laut Ralph Waldo Emerson »das außergewöhnlichste Stück Geist und Weisheit, das Amerika bis jetzt beigesteuert hat«. »Die Vereinigten Staaten«, schrieb Whitman, »sind im Grunde genommen selbst das größte Gedicht.«

CONFIDENCE.
CHALLENGE.

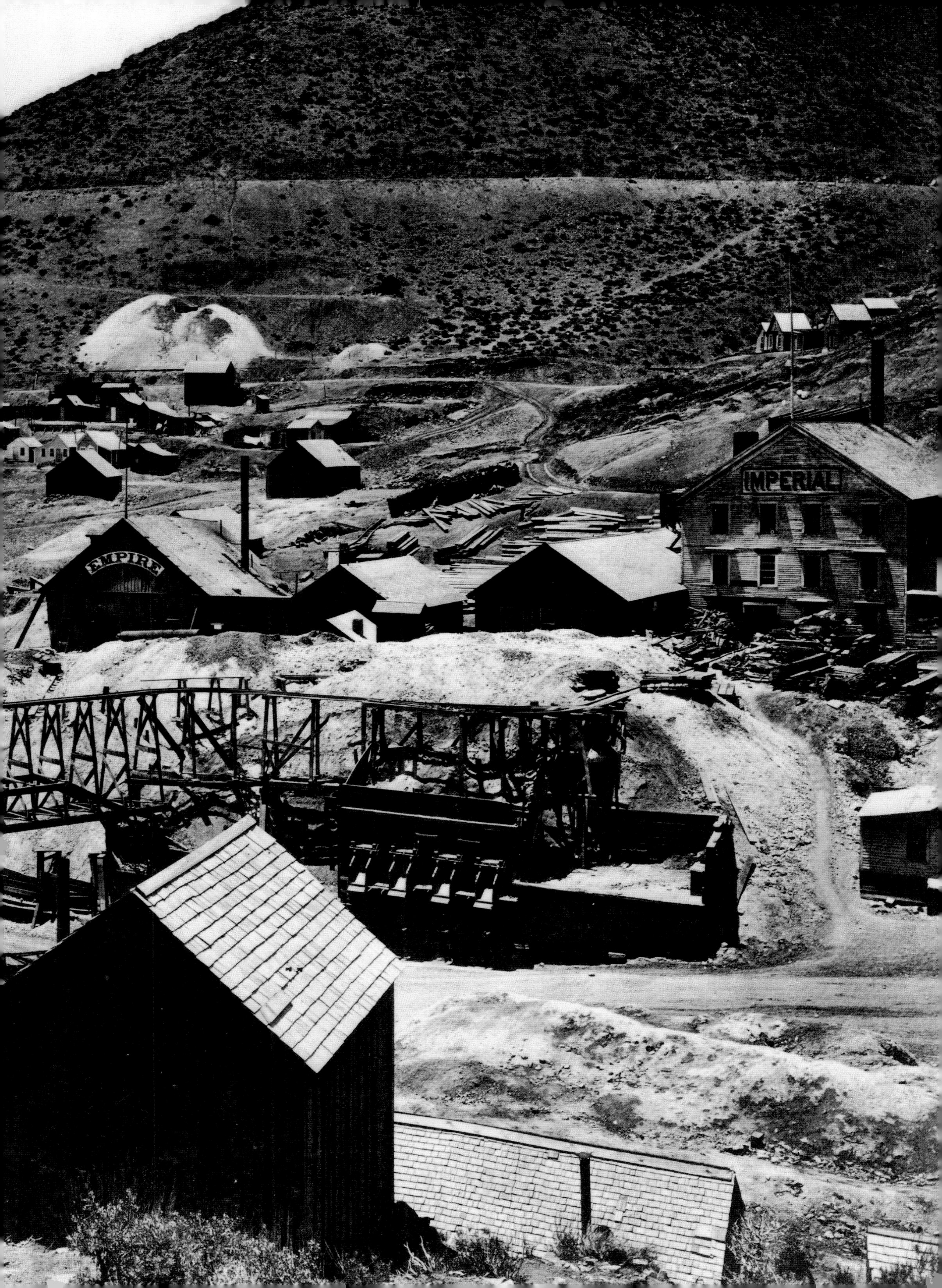
IMPERIAL
EMPIRE

um 1890 Der Fotograf John C. H. Grabil aus Deadwood (South Dakota) schuf eine der umfassendsten Sammlungen von Fotos des amerikanischen Westens, darunter Motive von Eisenbahnen, Rinderherden, Indianern, Kutschen und Fuhrwagen. Hier die Deadwood-Postkutsche beim Aufbruch zu ihrer Abschiedsfahrt.

um 1850 Das Goldfieber in Amerika begann schon zu Anfang des 17. Jahrhunderts mit den goldhungrigen spanischen Konquistadoren. Nur wenige wurden reich, doch genügend Funde hielten den Traum am Leben. In der Frühzeit von Kalifornien (*links*) suchen zwei Goldsucher mit der Waschpfanne nach dem kostbaren Mineral.

um 1849 Die meisten Goldsucher, die 1849 nach Kalifornien strömten, lebten in Zelten, arbeiteten hart und kümmerten sich wenig um ihre Erscheinung oder ihre Lebensbedingungen. Doch wie erklärt man sich diesen adrett gekleideten Gentleman (*rechts*)? Hält er womöglich eine Schatzkarte in den Händen?

1867 Die kalifornischen Bäche und Tagebauminen, in denen seit 1849 Gold gefunden wurde, waren bald leergeräumt. Zwischen 1859 und 1882 holten Bergbaugesellschaften in Nevada und Kalifornien Gold und Silber im Wert von Hunderten von Millionen Dollar aus tieferen Schichten. Hier (*vorige Seiten*) ein Blick auf das Bergbaulager Gold Hill in Kalifornien.

1855 Über keine andere Figur wurden so viele Bücher, Schauspiele und Kino- und Fernsehfilme gemacht wie über den amerikanischen Cowboy. In den meisten dieser Darstellungen waren die Cowboys weiß. Tatsächlich setzten sich die Reihen der Rinderhirten aus Tausenden von Vaqueros (mexikanischen Viehtreibern) und wohl mehr als 5.000 afroamerikanischen Cowboys zusammen.

um 1863 In der ersten Hälfte der 60er Jahre waren auf den einstmals kargen Ebenen des amerikanischen Westens Städte und angehende Metropolen entstanden. Denver, 1859 ein winziges Dorf, wuchs in fünf Jahren zu einer belebten Stadt mit Bank, Bäckerei, Drugstore, diversen Spezialitätenläden und – Kennzeichen aller neuen Westernstädte – mehreren Saloons heran. *Folgende Seiten* Ein Konvoi von Planwagen, der auf dem Weg nach Westen eine Pause einlegt.

BANK
COLORADO NATIONAL BA

LEATHER & SHOE FINDINGS STORAGE & COMMISSION.
SADDLERY HARDWARE.
LAND OFFICE.
W.C. LOBENSTEIN CO.
GEST. HATTEN & CO.
STORAGE & COMMISSION.

um 1880 In der amerikanischen Prärie gab es nur sehr wenige Bäume, und die meisten frühen Siedler bauten ihre ersten Häuser aus Grassoden. Um das Jahr 1880 waren einige Familien »reich« genug geworden, um Bauholz zu importieren und sich daraus Häuser zu zimmern. Zeichen des Wohlstands auf diesem Bild sind das zweite Stockwerk, die Seitenveranda und das luxuriöse Fensterglas.

1850 Der frühere Sklave Frederick Douglas (1817-1895). Der der Sklaverei entkommene Mann rief die Afroamerikaner dazu auf, im Namen der Freiheit zu den Waffen zu greifen, und half bei der Aufstellung von zwei schwarzen Regimentern. Nach dem Bürgerkrieg übernahm er mehrere Staatsposten, u.a. Minister von Haiti. Seine Autobiografie wurde zu einem Klassiker der amerikanischen Literatur.

um 1880 In den 80er Jahren des 19. Jahrhunderts wurde die Dampflokomotive zum Symbol des amerikanischen Fortschritts (*folgende Seiten*). Für Walt Whitman war die Lokomotive nichts weniger als das »Sinnbild der Moderne! Wahrzeichen der Bewegung! Pulsschlag des Kontinents!«.

1894 Mit dem Fortschritt der Eisenbahn entwickelte sich ein Spezialwortschatz. Nach mehreren Unfällen mit über Gleise spazierenden Kühen brachte man einen eisernen Rost, treffend »Kuhfänger« genannt, an der Vorderseite der Lokomotiven an (*Seite 40*). Er diente freilich vor allem dazu, Steine und Holz zur Seite zu schieben.

WESTERN

1002
1002

um 1870 In den 1870er Jahren machten Schlaf- und Speisewagen die Zugreisen komfortabler als je zuvor. Mit dem entsprechenden Kleingeld konnte die Fahrt noch luxuriöser werden. Dieses Bild zeigt das Innere eines der »rollenden Paläste«, die eigens für diejenigen gebaut wurden, die sich die höchsten Fahrpreise leisten konnten.

1889 Im späten 19. Jahrhundert dehnten die diversen amerikanischen Eisenbahngesellschaften ihr Streckennetz bis in die entlegensten Winkel des Landes aus. Hier sehen wir Bahnarbeiter in einem Baulager in South Dakota, die während ihrer Pause einige Besucher unterhalten (*links*).

um 1870 Die transkontinentale Eisenbahn wurde 1869 mit der Verbindung der Gleise bei Promontory Point (Utah) vollendet. Sie war eine der größten Bauleistungen der amerikanischen Geschichte (*Seite 41*). In dieser Szene prüfen zwei Züge die Stabilität einer der vielen hohen Bock-brücken, die im Verlauf der Strecke gebaut wurden.

um 1890 Das Blockhaus, in dem US-Präsident Abraham Lincoln 1809 geboren wurde (*links*). Es steht noch heute auf der Farm in Kentucky, die einst seinem Vater gehörte – mittlerweile in einem Museumsbau. Im späten 19. Jahrhundert wurde es zum amerikanischen Symbol für einfache Redlichkeit. Politiker im ganzen Land behaupteten damals gern, in einem Blockhaus geboren zu sein – ob das nun stimmte oder nicht.

1863 In der Rede von Gettysburg erklärte Abraham Lincoln: »Die Welt wird kaum bemerken und gewiss nicht lange im Gedächtnis bewahren, was wir hier sagen«. Er irrte. Seine kurze Ansprache wurde eine der berühmtesten Reden der Geschichte. An diesem Novembertag 1863 nahm ein unbekannter Fotograf Lincoln auf, als er ohne Hut mitten im Gedränge saß (*unten*).

um 1865 Abraham Lincoln (1809–1865), der 16. Präsident der Vereinigten Staaten. Dieses Porträt (*rechts*), angefertigt von Amerikas frühem Top-Fotografen Mathew B. Brady, war eines der vielen Bilder Lincolns, die Brady in seinem Studio in Washington aufnahm.

um 1898 Susan B. Anthony (1820–1906) war eine der fähigsten Sozialreformerinnen des 19. Jahrhunderts. 1852 organisierte sie die Women's State Temperance Society in New York. Während des Bürgerkriegs kämpfte sie für die Sklavenbefreiung und das Wahlrecht für die Schwarzen. Danach wandte sie sich der Durchsetzung des Frauenwahlrechts zu und wurde zusammen mit Elizabeth Cady Stanton zur führenden Frauenrechtlerin.

um 1860 Sojourner Truth (1797–1883), deren Geburtsname Isabella Van Wagener lautete, wurde als Sklavin in New York geboren. Unter einem Gesetz zur schrittweisen Abschaffung der Sklaverei kam sie in diesem Staat frei. Als ihr Herr sich weigerte, sie gehen zu lassen, flüchtete sie in die Freiheit und wurde eine einflussreiche Sprecherin auf Treffen von Abolitionisten und Frauenrechtlern.

um 1890 Harriet Tubman, Führerin der amerikanischen Abolitionisten (*rechts*) (1820–1913) wurde als Sklavin geboren und floh nach Philadelphia, wo sie ein geheimes Netzwerk von abolitionistischen Sympathisanten aufbaute, das Sklaven im Norden und in Kanada zur Flucht verhalf. Im Bürgerkrieg wurde sie zur Spionin für die Unionsarmee, nach dem Krieg gründete sie Schulen für Ex-Sklaven und war eine bedeutende Vorkämpferin für Frauenrechte.

1896 William McKinley (1843–1901), 25. Präsident der USA (*oben*), vor seinem Haus in Canton (Ohio). Von dieser Veranda aus führte er 1896 den Wahlkampf, während Kontrahent William Jennings Bryan durch das Land tourte. McKinley gewann die Wahlen von 1896 und 1900, fiel aber in Buffalo (New York) einem Attentat zum Opfer.

1845 John Quincy Adams (1767–1848), der sechste US-Präsident (*oben rechts*), war der Sohn des zweiten Präsidenten des Landes, John Adams. Als Außenminister (1817–1825) unter James Monroe formulierte er die Monroedoktrin. Zur Wiederwahl wurde er nicht zugelassen, aber als erster Ex-Präsident in den Kongress gewählt.

um 1880 James Abram Garfield (1821–1881), 20. Präsident der Vereinigten Staaten, war Lehrer, Laienpriester, Rechtsanwalt und Führer der Republikaner im US-Kongress, bevor er 1881 Staatschef wurde. Garfield (*rechts*) regierte nur 199 Tage im Weißen Haus, dann wurde er von einem Attentäter niedergeschossen.

um 1850 Mit Ausbruch des Texanischen Unabhängigkeitskrieges im Jahre 1835 wurde Sam Houston (1793–1863) Oberbefehlshaber der texanischen Armee (*ganz rechts*). Sein Sieg bei San Jacinto am 21. April 1836 sicherte die Gründung der Republik Texas, die 1845 der Union beitrat. Houston wurde einer der ersten Senatoren des Staates.

1893 Hals über Kopf wurden die Vereinigten Staaten in das Automobilzeitalter katapultiert, als ab 1891 zahlreiche elektrisch angetriebene Wagen auf den Straßen erschienen und bei den Reichen populär wurden. Binnen eines Jahrzehnts wurden mit Benzin betriebene Fahrzeuge entwickelt. Hier zu sehen ist eines der ersten Exemplare dieser von Elwood G. Haynes erfundenen Vehikel.

1892 Alexander Graham Bell (1847–1922) beim ersten Telefonanruf von New York nach Chicago. Bell kam in Edinburgh zur Welt und wanderte 1871 nach Amerika aus. 1873 wurde er Professor für Sprachphysiologie an der Universität von Boston, wo er mit verschiedenen Geräten zur Schallübertragung experimentierte. 1875 versandte Bell die erste akustische Nachricht, ließ im nächsten Jahr das Telefon patentieren und widmete sich danach der Erfindung von Fotofon und Grammofon.

325
HERMAN SONNTAG,
Manufacturer & Importer Of
MUSICAL
INSTRUMENTS.
319
THE
MERCANTILE
BENEFIT
ASSOCIATION
OF
NEW YORK
REMINGTON
STANDARD
REVIEW.
FIRE
BROADWAY

um 1895 Ein Blick auf Ellis Island, dem Sitz der US-Einwanderungsbehörde im Hafen von New York. Zwischen 1892 und 1920, den geschäftigsten Jahren der Einrichtung, kamen mehr als 20 Millionen Neuankömmlinge durch ihre Tore nach Amerika. Mehr noch als die Freiheitsstatue wurde sie zum Symbol für Einwanderung.

um 1890 Hester Street in der Lower East Side New Yorks (*rechts*) war im späten 19. Jahrhundert ein Zentrum jüdischer Einwanderer. »Es hieß, die Straßen wären mit Gold gepflastert«, sagte einer von ihnen. »In Wirklichkeit waren sie gar nicht befestigt – gepflastert haben wir sie selbst.«

1893 Die elektrische Straßenbahn, von Frank Sprague 1888 in Richmond (Virginia) in den Staaten eingeführt (*links*), revolutionierte das städtische Transportwesen. Doch als dieses Bild entstand, verkehrten auch noch pferdegezogene Wagen, bekannt als Omnibusse, auf den Straßen amerikanischer Städte.

um 1899 Ankunft von Einwanderern auf New Yorks Ellis Island (*vorige Seiten*). Die meisten werden sich ein neues Leben aufbauen – und viele werden beim Aufbau Amerikas mithelfen.

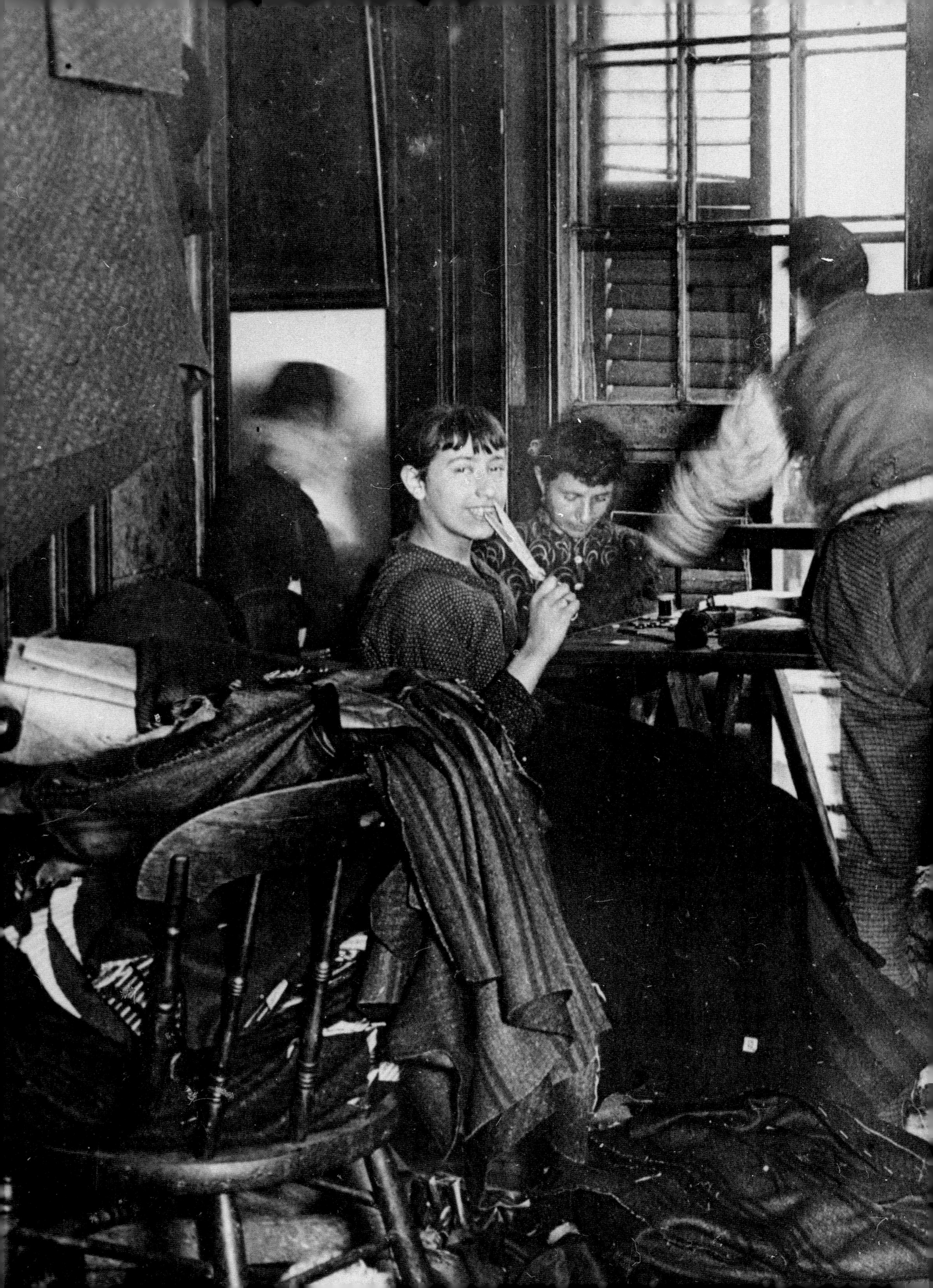

1890 Jacob Riis, selbst ein Immigrant aus Dänemark, war der bedeutendste Fotograf des Einwandererlebens in New York. In seinen stärksten Bildern stellte er die elenden Wohnverhältnisse in den Mietshäusern dar. Im Gegensatz dazu steht dieser gelungene Schnappschuss von Kartenspielern in New York.

1887 Jacob Riis' Bücher und Vorträge trugen entscheidend zur Verabschiedung von Gesetzen zur Sanierung der städtischen Einwanderer-Slums bei. Seine Dokumentation »Die andere Hälfte - wie sie in New York lebt und stirbt« illustrierte Riis unter anderem mit diesem Foto von Textilarbeitern (*vorige Seiten*).

1890 Mulberry Bend auf der Lower East Side von Manhattan wurde zur Heimat Tausender italienischer Einwanderer. Zahlreiche Handkarren und Marktstände lockten Leute aus der ganzen Stadt an.

1893 Das erste Hochbahnsystem Amerikas wurde in den späten 1860er Jahren von Charles Harvey in New York City eingeführt. Mitte der 80er Jahre fuhren damit täglich schon Zehntausende von Reisenden. Angespornt von diesem Erfolg errichteten bald auch andere Städte, allen voran Boston und Chicago, ihre eigenen Hochstrecken.

1893 Ein Blick über New York mit der Great East River Bridge. Die seinerzeit längste Hängebrücke der Welt, heute eher als Brooklyn Bridge bekannt, wurde 1869–1883 von John und Augustus Roebling errichtet. Mit New York und Brooklyn verband sie die damals größte und die drittgrößte Stadt der Vereinigten Staaten.

1859 Eine der populärsten Formen der frühen Fotografie war der Stereograf, der paarweise Bilder produzierte. Dieses Bild, aufgenommen 1859 vom britischen Fotografen William England, zeigt die High Bridge über den Harlem River von New York. Die vom amerikanischen Ingenieur John B. Jervis entworfene Brücke gehörte zum Croton-Aquädukt, der auch heute noch Wasser nach New York City bringt.

1859 William England verkaufte über seine Londoner Stereoskopische Gesellschaft Tausende stereografischer Karten von amerikanischen Motiven. Dies ist sein Bild von P. T. Barnums berühmtem American Museum in New York, das Kuriositäten wie eine bärtige Lady, den Quäker-Riesen oder eine Familie dressierter Flöhe beherbergte.

um 1890 Die amerikanischen Städte dehnten sich in der zweiten Hälfte des 19. Jahrhunderts sowohl vertikal als auch horizontal aus. Im Hafenviertel von New York (*vorige Seiten*) wird ein Arbeiter an die Spitze eines im Bau befindlichen 30-stöckigen Wolkenkratzers gehievt.

MUSEUM.
BARNUM'S
THIS BEAUTIFUL SCENE FROM "THIODONS EXHIBITION

BUFFALO, N.Y.
A fine of $50 to $100 will be
imposed for marching over thi
bridge in rank and file or to
music, or by keeping regular
step. Bodies of men or troops
must be ordered and kept out of
step when passing over this
bridge. No musical band will
be allowed to play while cross-
ing except when seated in wag-
ons or carriages.
$5, fine for every horse driven
over this bridge at a faster
rate than a walk.
$5, fine for allowing teams or
horses to stop on the bridge
longer than absolutly
necessary.
The above fines
will be rigorously exacted
in all cases when the rules
have been infringed.
RATES OF TOLL
AT THIS BRIDGE.
Cents
Foot Passengers 25
Saddle Horse and Rider 37
Carriages drawn by one animal with driver 37
Carriages and Wagons, drawn by two animals with driver 50
Do. Do. by four animals, 75
For Horses each, 12
Cattle, per Head, 6
Swine, 2
Sheep, 1
All persons wishing to return the same day must call for a return ticket.

1894 Besuchten Schaulustige die Niagarafälle, so waren zwei Dinge gewiss: Sie würden spektakuläre Kulissen vor Augen bekommen – und sie würden nass werden. Hier sehen wir die Kutscher, die die Besucher zu den Fällen brachten, in ihrer Ölzeug-Schutzkleidung.

1859 William England machte dieses bemerkenswerte Bild vom Eingang für Fußgänger und Pferdekutschen auf der Niagara-Hängebrücke. Deutlich erkennt man die Unterseite der Eisenbahngleise, die im oberen Teil der Mautbrücke verlaufen.

um 1849 Die Daguerreotypie, die früheste fotografische Technik, ermöglichte es den Menschen erstmals, Abbilder von Berühmtheiten ihrer Tage zu betrachten. Dazu gehört auch die Daguerreotypie von Edgar Allan Poe (1809–1849), der zur Entstehungszeit des Porträts einer der berühmtesten Schriftsteller des Landes und ein Meister der Kurzgeschichte geworden war.

1859 Die Fotografen bevorzugten bei der Aufnahme stereografischer Ansichten einen möglichst hohen Standort. Hier ein Blick auf Boston vom State House in östlicher Richtung aus dem Jahr 1859.

WEBER & STAYART
WHOLESALE
GROGERS.
WASHBURN, CROSBY'S
SUPERLATIVE FLOUR
ARN

1895 Hochbahnen, wie diese über der Market Street in Chicago, sollten den Lärm und die Verstopfung der Straßen lindern. Doch die ratternden Züge verursachten einen noch größeren Krach, und die Aufbauten selbst machten die Straßen unter ihnen dunkel und unheimlich. Dennoch haben viele Städte erst in jüngster Zeit mit dem Abbau ihrer Hochbahnen begonnen.

1860 Trotz andauernder Fortschritte im Transportwesen war Amerika – bis weit ins 19. Jahrhundert hinein – noch ein Land, in dem Menschen und Güter in erster Linie mit Pferdkraft befördert wurden. Hier eine Momentaufnahme aus dem Chicagoer Stadtteil Haymarket.

1895 Die Stahlherstellung bildete das Herzstück der Revolution, welche die Vereinigten Staaten im 19. Jahrhundert zur weltweit führenden Industrienation machte. Hier sehen wir Stahlarbeiter in Pittsburgh *(vorige Seiten)* an einer Bessemerbirne, die einen Luftstoß durch das geschmolzene Eisen treibt und dabei die meisten der Verunreinigungen aus dem Metall entfernt.

IRTS
MOODY'S
WASHBURN'S
C. DUHAMEL
SPECTACLES
OPTICAL MATHEMATICAL
GOODS.
SHIRTS
WATCHES & JEWELRY
WASHBURN'S
MARINE INSTRUMENTS
ARMENTS.
FURNISHING GOODS
SILVER & PLATED WARE
FINE ART
GALLERY.
S. N. MOODY
TYLER
SHIRT BOSOMS
SHIRTS
WASHBURN'S
ESPLANADE & BAYOU BRIDGE
118
R R CO
RAMPART & DAUPHIN
and Silverware

DARCY'S
23
ORLEANS R R CO.

1884 Das Tuskegee-Institut von Alabama wurde 1881 für schwarze Studenten eingerichtet, deren Eltern und Großeltern vielfach Sklaven gewesen waren (*oben*). In zahlreichen ausdrucksvollen Bildern dokumentierte die Fotografin Frances B. Johnston die Bestrebungen junger Afroamerikaner, ihre Lebensumstände zu verbessern.

1896 George Washington Carver (1861–1943), während des Bürgerkriegs in Missouri als Sklave geboren (*links*), wurde zum weltweit anerkannten Agrarwissenschaftler, der zahlreiche Nutzungsarten der Erdnuss für Industrie und Handel entdeckte. Als Fakultätsmitglied am Institut von Tuskegee bildete er Hunderte von zukünftigen schwarzen Wissenschaftlern aus.

um 1870 In der Ära des Wiederaufbaus nach dem Bürgerkrieg wurden Afroamerikaner erstmals in den Kongress gewählt. Hiram R. Revels (1822–1901) aus Mississippi, war Sohn freier Schwarzer, die ihn auf ein College im Norden schickten. Der ehemalige Kaplan der Unions-Armee war der erste Afroamerikaner im Senat der USA (*rechts*).

um 1870 Fast von der Geburt der Nation an bildete New Orleans (*vorige Seiten*) das Ziel des anschwellenden Verkehrs von Menschen und Waren, die den Mississippi und seine Nebenflüsse hinunterströmten. Um 1870 war die Stadt nicht nur ein bedeutender Hafen geworden, sondern entwickelte sich rasch zu einer blühenden Metropole.

E. HARTOG
LAW AND Collection OFFICE
FURNITURE WARE ROOMS
FURNITURE WARE ROOMS
ADELPHI THEATRE
HUMPTY DUMPTY
ED. HARTOG
LAW & COLLECTION
BEER CONVENT
Billiards

CALIFORNIA
HOUSE
FURNISHED
APARTMENTS
&
RESTAURANT
A.C. HUSSEY.
618 CARPENTER 618
HOUSE
SIGN
PAINTING
WHITENING
ALEXANDER'S
CARPENTER
SHOP
CIGARS
TOBACCO
CARPENTER
SHOP.
CHINESE
EMPLOYMENT OFFICE
FRENCH
FLORIST
FLORIST

TREET.
MARKET
GEARY

1890 Die ersten Chinesen kamen um 1850 in großer Zahl, zum Goldsuchen nach Kalifornien. Per Gesetz vom Goldwaschen ausgeschlossen, fanden viele Arbeit beim Gleisbau für die transkontinentale Eisenbahn. 1890 lebten mehr als 25.000 Chinesen in San Franciscos Chinatown.

um 1890 Andrew Hallidie, ein Hersteller von Stahlkabeln, präsentierte 1873 in San Francisco seine Kabelbahn. Der Mann auf dem linken Wagen war der »Gripman«, der durch Fixieren und Loslassen des unterirdisch laufenden Kabels die Wagen starten und anhalten sowie das Tempo regulieren konnte.

um 1890 Auf einer Halbinsel im Süden der Golden-Gate-Meerenge wurden 1776 eine spanische Mission und ein Fort gegründet. Das winzige Dorf Yerba Buena, das die Mission umgab, wurde 1846 in San Francisco umbenannt. Zwei Jahre später fand man Gold – um 1850 war die Bevölkerung San Franciscos von 800 auf über 25.000 explodiert! *(vorige Seiten)*

1896 Amerikaner ließen sich bei ihrem Traum vom Fliegen von nichts abschrecken. Einer der künftigen Eroberer der Lüfte war Augustus Moore Herring, hier zu sehen bei einem Segelflug-Experiment aus dem Jahr 1896.

um 1890 Im frühen Amerika galten Hallenbäder als Risiko für die Gesundheit. Doch um 1890 wurde »taking the waters« zunehmend als förderlich anerkannt. Hier das Badehaus des Hotel del Monte in San Francisco.

um 1870 Ein Pferdekarren durchquert in den Marposa-Wäldern des Yosemite-Parks (Kalifornien) eine Passage, die aus dem Stamm eines riesigen Mammutbaums geschnitten wurde (*rechts*).

um 1895 Der amerikanische Forscher und General John Charles Fremont demonstriert mit einem Kreis aus Angehörigen und Freunden den Umfang eines der Bäume im Grove of Big Trees von Santa Cruz (*folgende Seiten*).

GIANT.

1900-1909

1900 -1909

um 1909 Glenn Curtiss war einer der bedeutendsten Flugpioniere Amerikas und Halter mehrerer früher Geschwindigkeitsrekorde. Diese Fotografie zeigt Curtiss an der Steuerung eines Wasserflugzeugs, das von ihm erfunden und erfolgreich geflogen wurde.

In der ersten Dekade des brandneuen Jahrhunderts erreichte die Einwanderung nach Amerika ihren Höhepunkt. Viele Einwanderer arbeiteten in Fabriken und machten das Land zu einer Industriemacht von Weltrang. Kleinstädte und Dörfer hatten lange das Land geprägt. Am Ende der Dekade lebte jedoch fast die Hälfte aller Amerikaner in der Stadt.

Es war eine Zeit, in der die Reichen noch reicher wurden und gewöhnliche Amerikaner, befreit vom 12-stündigen Arbeitstag, schließlich spielen lernten. Vieles drehte sich ums Auto. Fords und Dutzende anderer Marken begannen auf den noch ungepflasterten Straßen zu rollen. Geprägt wurde das Jahrzehnt jedoch durch den Augenblick, als die Gebrüder Wright die Welt ins Zeitalter des Fluges katapultierten.

1907 Um die Jahrhundertwende hielt der Strom der Einwanderung in die USA nicht nur an, sondern beschleunigte sich sogar. Auf diesem Bild von 1907 (*vorige Seiten*) warten Neuankömmlinge auf dem Deck der *SS Amerika* gespannt auf das Anlegen des Schiffes in New York.

um 1900 Viele Vergnügungsparks in Amerika wurden von Busunternehmen gebaut, die sie am Ende ihrer Linien platzierten, um möglichst viele Fahrgäste anzulocken. Diese Frauen (*oben*) testen vorsichtig den Nervenkitzel des Autoskooters von Coney Island in New York.

um 1900 Theodore Roosevelt (1858–1919), 26. US-Präsident, war eine der energischsten Gestalten in der Geschichte der Nation (*rechts*). Der Cowboy, Großwildjäger und Führer der Rough Rider im Spanisch-Amerikanischen Krieg sah die Präsidentschaft als »Tyrannenkanzel«.

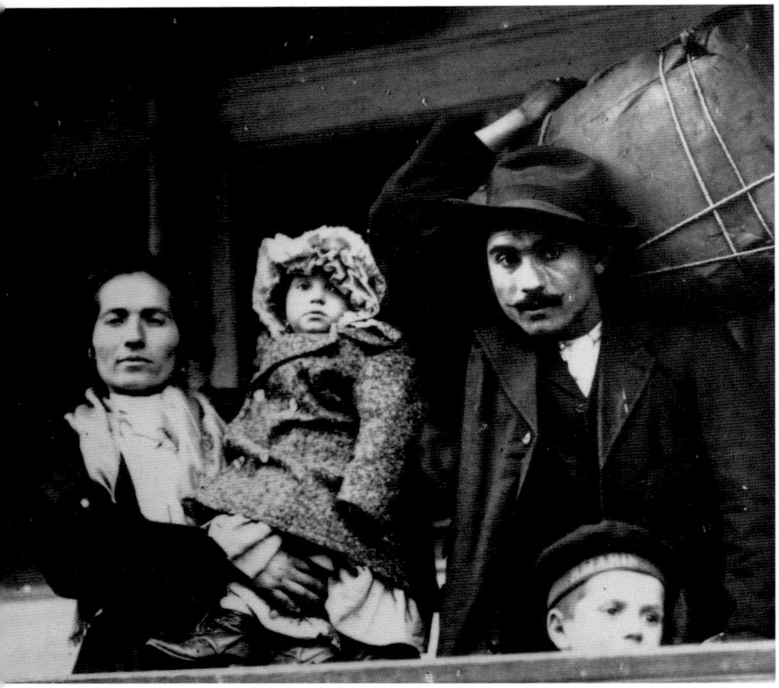

1905 Die neu angekommenen Einwanderer in New York wurden von Fähren nach Ellis Island gebracht. Eine italienische Familie wartet auf den Beginn ihres Abenteuers in der Neuen Welt.

um 1905 Die Registrierungshalle auf Ellis Island (*rechts*). »Stell dir nur vor«, rief ein junger Immigrant aus Armenien aus, »du bist 14 Jahre alt und du bist in einem fremden Land und du weißt nicht im Geringsten, was geschehen wird!«

1905 Ein Zollbeamter bringt Etiketten an den Mänteln einer deutschen Einwandererfamilie an. Einigen flößte der Anblick der uniformierten Beamten auf Ellis Island Furcht ein.

um 1900 Jüdische Einwanderer aus England sehen auf Ellis Island in ihren besten Kleidern der Abfertigung entgegen. Hinter ihnen liegen die Schrecken einer langen Seereise, vor ihnen die Herausforderungen eines völlig neuen Lebens.

um 1900 Andrew Carnegie (1835–1919) wanderte 1848 mit seinen mittellosen schottischen Eltern nach Amerika aus (*links*). 1868 gründete er die Union Iron Mills. 1879 stellte die Firma 75 Prozent des amerikanischen Stahls her, Carnegie verdiente jährlich 25 Mio. Dollar. Die letzten 20 Jahre seines Lebens verbrachte er damit, sein Geld an die vielen von ihm geschaffenen Büchereien und Stiftungen zu verschenken.

1905 Lewis Hine wurde durch seine alarmierenden Bilder amerikanischer Kinderarbeiter bekannt. Zuvor verbrachte Hine beträchtliche Zeit damit, auf Ellis Island von Bord gehende Einwanderer zu fotografieren. Hier fing er die Ankunft dieser bemerkenswerten jungen Frau (*rechts*) ein.

1907 Einwanderer auf Ellis Island (*vorige Seiten*), die sich einer Reihe von Gesundheits- und Sprachtests unterziehen müssen, bevor ihnen die Einreise nach Amerika gewährt wird.

1903 Die Gebrüder Wright läuteten am 17. Dezember das Flugzeitalter ein: Orville hebt ab, Wilbur läuft neben dem mit einem 12-PS-Motor versehenen Wright-Segler her (*oben*). Die zwölfsekündige Tat am Kill Devil Hill bei Kitty Hawk (North Carolina) war der erste offiziell anerkannte Flug eines Motorflugzeugs.

um 1905 Die ersten Flugversuche nahmen vielerlei Gestalten und Formen an. Dieses fliegende Fahrrad (*unten*), die frühe Erfindung eines jungen Mannes, setzte sich letztlich nicht durch.

1902 Wilbur und Orville Wright, zwei Fahrradbauer aus Dayton (Ohio), schlossen nie die High School ab, gingen aber mit Bau und Flug des ersten erfolgreichen Flugzeugs der Welt in die Geschichte ein. Hier sehen wir Wilbur (*rechts*) bei einem der vielen vor ihrer historischen Leistung durchgeführten Segelflugzeugexperimente.

B. & O
1

um 1905 Trotz der Vormachtstellung der amerikanischen Eisenbahn spielten Dampfschiffe in einigen Regionen des Landes noch eine wichtige Rolle. Dieses 1905 von einem Fotografen der Detroit Photographic Company aufgenomme Bild zeigt Arbeiter beim Beladen eines Dampfschiffes an einer belebten Anlegestelle auf dem Mississippi.

um 1900 Arbeiter verladen in einem Washingtoner Hafen Holz (*links*), das zu Breimühlen gebracht und zu Papier verarbeitet wird – das zunehmend von den wachsenden Büros und Unternehmen verlangt wurde. Genau so schnell wie die gewaltigen Ressourcen des Landes geerntet oder abgebaut wurden, wurden sie auch in Produkte verwandelt.

um 1900 Im frühen Amerika galt »größer« gemeinhin als »besser« und Fortschritt wurde als unvermeidbar angesehen – also wurden die gigantischen Kellen (*rechts*), die man beim Gießen geschmolzenen Stahls verwendete, zu Symbolen amerikanischer Stärke und Entschlossenheit.

um 1900 Fast das ganze 19. Jahrhundert hindurch waren von Dampflokomotiven gezogene Züge die besten und schnellsten Beförderungsmittel auf dem Landweg. In den 90er Jahren tauchten dann aber elektrisch angetriebene Zugwagen auf. Die hier abgebildete Lok (*vorige Seiten*) schleppt einen Zug auf der Baltimore-Ohio-Linie, der ersten Hauptlinie des Landes, die auf Elektrizität setzte.

1901 Die Spindletop-Quelle in Jefferson County (Texas) war 1901, zum Zeitpunkt ihrer Entdeckung, die größte produzierende Ölquelle der Welt.

1908 Das Öl, das in stetig steigenden Mengen aus den amerikanischen Ölfeldern geholt wurde, schmierte die Maschinen, die das Land zu einem Produktionsriesen heranwachsen ließen.

um 1907 Dieses Foto mit dem Titel »Ein zukünftiger Cheyenne-Krieger« stammt von Richard Throssel. Wie auch die Fotografen Edward Curtis, Roland Reed und Herman Heyn war Throssel von dem Anliegen beseelt, die amerikanischen Ureinwohner auf eine möglichst stolze und würdevolle Art darzustellen.

um 1900 Eine Menominee-Familie, steht vor ihrem Wohnzelt Modell. Die Menominee, einer der Ursprungsstämme aus Wisconsin und dem oberen Michigan, gehörten zur Algonkin-Sprachfamilie und bestritten ihren Unterhalt durch Ackerbau und Pelzhandel.

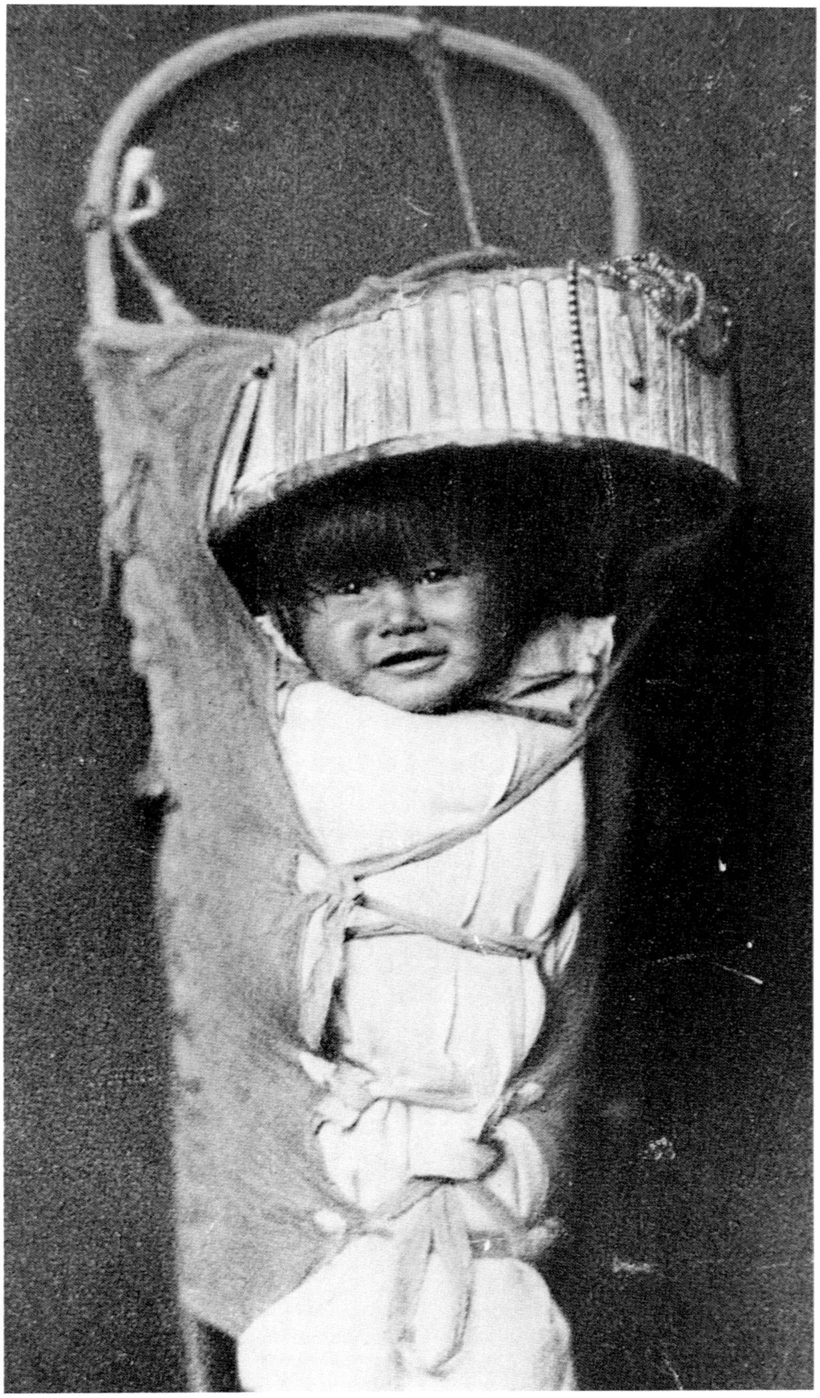

um 1900 Edward S. Curtis verbrachte 30 Jahre damit, jeden erreichbaren nordamerikanischen Indianerstamm zu fotografieren, eine Anstrengung, die ihn gesundheitlich beinahe ruinierte. Ab 1907 veröffentlichte er sein 20-bändiges Werk *Die Indianer Nordamerikas.* Eine große New Yorker Zeitung nannte es »das gigantischste Buchdruckprojekt seit der King-James-Ausgabe der Bibel«. Dieses Bild eines Apachen-Babys nahm Curtis im Jahre 1910 auf.

um 1900 Die Navajo-Indianer des amerikanischen Südwestens waren äußerst geschickte und vielseitige Handwerker. Diese Navajo-Frau fertigt auf einem Webstuhl eine Decke an, dessen Design aus der Zeit um 1600 stammt. Der als »Häuptlingsdecke« bekannte Stoff war so fest gewebt, dass er wasserdicht war.

STORE
TO-LET
BOSTON
SAMPLE SHOES
AT LOWEST PRICES
סאמפעל שיך

TO LET
CLOTHING
BROOKLYN NOVELTY SHOES
באסטאן סעמפעל

1900-09

1904 Ein Blick auf das im Bau befindliche Times Building, Heimat der *New York Times*, auf dem frisch nach ihr benannten Times Square. Die *New York Times* wurde 1896 von Adolph Ochs erworben, der das Blatt in eine der einflussreichsten Zeitungen der Welt verwandelte.

1900-10 Um die Jahrhundertwende hatte sich New York auf nationaler Ebene als Mekka des Theaters fest etabliert. Hier ein Blick über den Broadway und die 42nd Street (*rechts*), das Herz des »Great White Way«.

um 1900 Für amerikanische Einwanderer stellten die Straßen die Pulsadern des Lebens dar. Die Neuankömmlinge hatten zu wenig Geld, um sich weit von ihrem Zuhause zu entfernen, doch alles was sie sich leisten konnten, war in der Nachbarschaft zu finden. Hier abgebildet (*vorige Seiten*) ist der Handkarren-Markt auf der Lower East Side New Yorks.

BERGEN
BEACH
FARE 5
HARRY MUNSON
BORO-LITHIA
BORO-LITHIA
BORO-LITHIA
THE WAUKESHA WATER COMPANY
ACADEMY
SHENANDOAH
25 50 75
AMERICAN THEATRE
Castle Sq.
Opera Co.
PRESENTING GRAND & COMIC OPERA IN ENGLISH
PRICES 25-50-75¢
ELDREDGE
$50.
BELVIDERE
$40.
LYCEUM THEATRE
KELCEY-SHANNON CO.
THE MOTH AND
THE FLAM
CLYDE FITCH
ROBERT BURNS
CIGARS

1902 Die von William Henry Jackson, einem der führenden Western-Fotografen, gegründete Detroit Photographic Company stellte Postkarten mit Motiven aus dem ganzen Land her, wie diese Osterspaziergänger im Sonntagsstaat vor New Yorks St. Patrick's Cathedral (*links*).

um 1905 Die Erfindung des Automobils förderte die Entwicklung von Fahrzeugen, die nicht nur für den privaten oder öffentlichen Transport benutzt werden konnten – so wie diese Kehrmaschine (*unten*) in New York.

1908 Der enorme Erfolg der Geschäftswelt schuf eine Klasse von Millionären mit protzend-verschwenderischem Lebensstil. Die New Yorker Residenz (*oben*) des Dampfschiff- und Eisenbahnmagnaten Cornelius Vanderbilt erforderte zur Haushaltsführung ganztägig rund 50 Bedienstete.

um 1909 Die erste Börse des Landes war 1792 der New York Stock Exchange. Nach den verschiedenen Höhenflügen von Kanal-, Eisenbahn- und Versicherungs-aktien im 19. Jahrhundert wurden dann bald Börsen im ganzen Land eingerichtet. Der American Stock Exchange von New York begann als ein Freiverkehr auf offener Straße. Hier sehen wir einige Händler bei ihren Transaktionen.

1909 Die Einwanderer, die in die Städte Amerikas strömten, brachten ihre eigenen prächtigen und vielfältigen Bräuche und Traditionen mit. Dieses Bild zeigt einen Ausschnitt des chinesischen Neujahrsfestes von 1909 in Chinatown (New York).

ON LEONG TONG
TO ALL
14
RESTA
CO.

um 1900 In den Jahren nach 1900 gehörte der als Bowery bekannte Teil der East Side zu den belebtesten Durchgangsstraßen von New York. »Jeder, der eine einfache Aktion wie das Wechseln von einer auf die andere Straßenseite auszuführen versucht, fordert ernsthaft sein Schicksal heraus«, erklärte ein erschrockener Tourist. Er hatte Recht. Hunderte von Menschen wurden jährlich in dem Gedrängel von Lieferwagen, Straßenbahnen und Fußgängern verletzt.

1904 Im ersten Viertel des 20. Jahrhunderts waren neben den normalen Autorennen auch Langstreckenrennen in der Automobilszene sehr populär. Diese stolzen Fahrer und Fahrgäste veranstalten nach der Rennfahrt von New York nach St. Louis auf dem Gelände der Louisiana-Verkaufsausstellung eine kleine Parade.

1906 Henry Ford lässt sich vor seiner Fabrik in einem seiner Autos ablichten. Etwa zu der Zeit, als das Foto entstand, brüstete sich Ford: »Wir fertigen 40.000 Zylinder, 10.000 Motoren, 40.000 Räder, 20.000 Achsen und 10.000 Karosserien an ... alle *genau gleich*«.

1904 Bürgermeister Seth Low, der Herr mit Zylinder in der Mitte des Fotos, bei der Eröffnung der New Yorker U-Bahn. New York war nicht die erste Stadt der USA, die eine U-Bahn baute - diese Ehre gebührt Boston. Doch innerhalb von zwei Jahrzehnten verfügte New York über das größte unterirdische Transportsystem der Welt.

um 1905 Die Zustellung von Post ist in den Vereinigten Staaten älter als die Nation selbst. Auf Empfehlung eines von Benjamin Franklin geführten Komitees führte der Kontinentalkongress 1775 für die Vereinigten Kolonien ein Postsystem mit Franklin als Postminister ein. Auf diesem Foto dreht ein portofrei zustellender Landbriefträger gerade seine »Runde«.

1909 US-Postkuriere posieren für ein Foto stolz auf ihren Lieferwagen – obwohl Ford im Jahre 1909 Autos in Massenfertigung produziert, ist das Pferd nach wie vor der »König der Straße«.

1906 Im Laufe seiner 60-jährigen Erfinderkarriere hat Thomas Alva Edison (1847-1931) die Art, wie Menschen leben, vielleicht mehr verändert als jeder andere Mensch in der Geschichte (*links*). Der größte Beitrag des Inhabers von über 1.000 Patenten war die elektrische Glühbirne.

1906 Anfang des 20. Jahrhunderts wurden Handelsausstellungen populär – und keine größere ging ohne Präsentation der neuesten Erfindungen Edisons über die Bühne (*unten*). Der »Zauberer von Menlo Park«, ein unermüdlicher Arbeiter, über seinen Erfolg: »Genie ist zwei Prozent Inspiration und 98 Prozent Transpiration.«

um 1901 Thomas Edisons Labor in Menlo Park (New Jersey) war die erste unabhängige Forschungs- und Entwicklungseinrichtung in Amerika (*oben*). Mit Hilfe seiner Laborassistenten produzierte Edison durchschnittlich alle zwei Wochen ein patentierbares Gerät.

um 1900 Die Explosion der Wirtschaft und der Bedarf an »Schreibtischarbeitern« brachten in Amerika mehr Frauen in Lohn und Brot als je zuvor. Diese Telefonistinnen arbeiteten bei der National Telephone Company an der Magneto-Fernvermittlungsstelle.

1903 Obwohl eine Reihe von Geistlichen nicht müde wurde, die moralischen Gefahren des gemeinsamen Schwimmens von Männern und Frauen - noch dazu im gleichen Meer - anzuprangern, wurde der Strandbesuch am Sonntagnachmittag immer beliebter *(folgende Seiten)*.

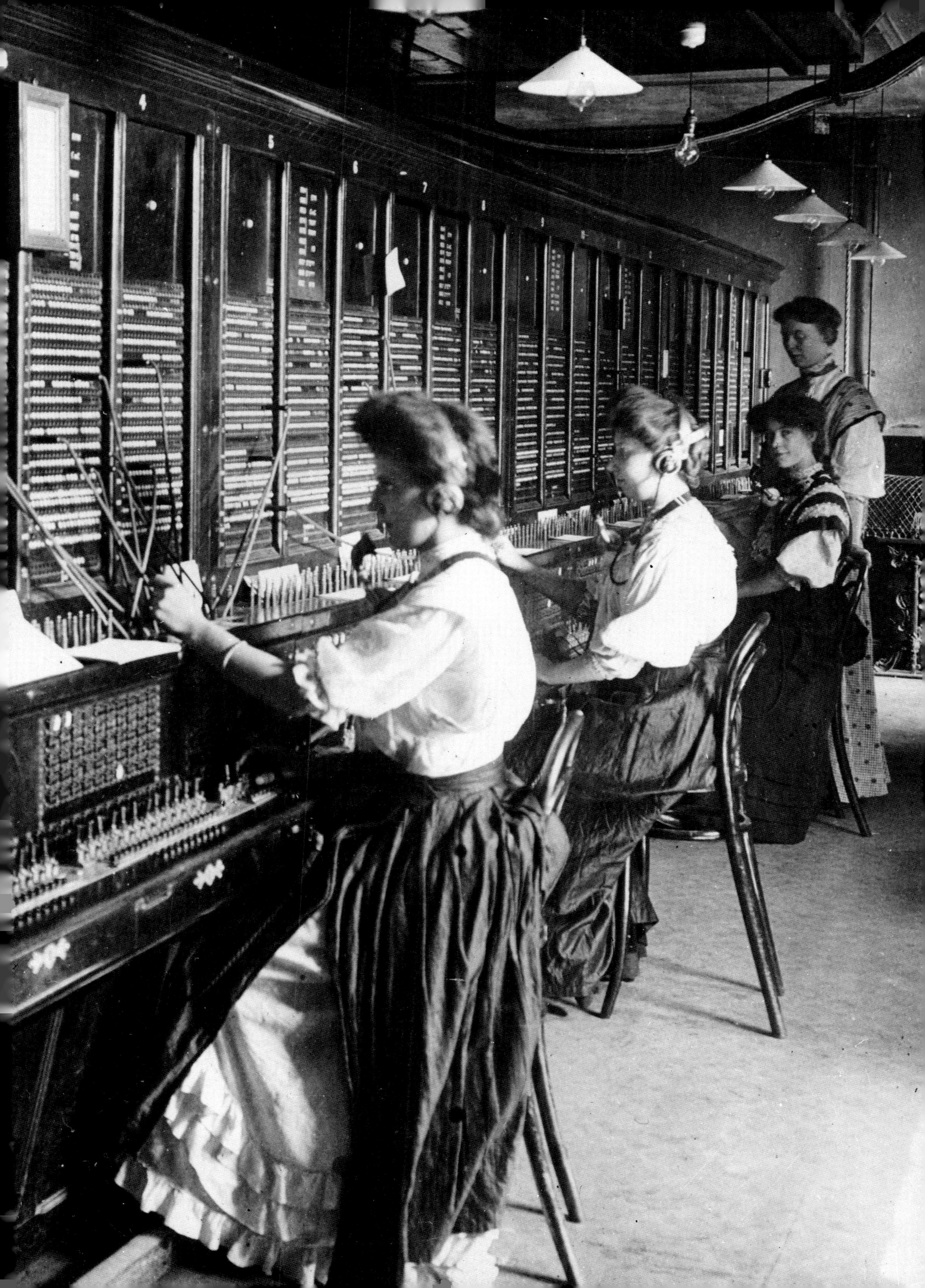

1901 Um 1900 schrieben sowohl das Schamgefühl als auch die Abneigung gegen gesunde Sonnenbräune die Art der Bademode vor. Diese Ausflügler wurden an einem Sommertag am Lake Pleasant (New York) aufgenommen.

1907 Zu den mit der Automanie verbundenen Phänomenen gehörte das Auftauchen von Hotels, Motels, Buden und Restaurants am Straßenrand, die von ihren Erbauern mit auffälligen Formen errichtet wurden, um motorisiertes Volk anzulocken. Dies ist das Elephant Hotel in Atlantic City (New Jersey).

1903 Vergnügungsparks waren am Anfang des Jahrhunderts die Golfclubs der Arbeiterklasse. Millionen waren von Attraktionen wie »The Whip«, »Super-Bump« oder dem »Helter Skelter« begeistert. Hier ist eines der beliebtesten Angebote im Luna Park auf Coney Island, die »Shoot-the-Chute«, zu sehen *(rechts)*.

um 1900 Frühe Kinos erhoben einen Einheitspreis von fünf Cents und wurden daher treffend Nickelodeons genannt. Bis 1910 hatten in den Vereinigten Staaten etwa 10.000 Nickelodeons eröffnet.

HING SUCCESS
SE
THE HAUNTED HOUSE
R EVERYBODY
oing on all the time 5¢
s long as you like
RUNAWAY
HORSE
THE
NTED
SE
EATRE
5¢
THIS IS
THE
SHOW
YOU HAV
BEEN
WAITING
FOR

1907 Man weiß nie, was die Kamera ans Licht bringt. Im Jahre 1907 lässt sich eine Gruppe von Teenagern auf einer Zeltreise gut gelaunt von einem Kameraden ablichten. Der junge Mann ganz vorne auf dem Foto ist Dwight David Eisenhower, der später einmal ein Fünfsternegeneral werden, die Truppen der Alliierten in der Normandie befehligen und zum 34. Präsident der Vereinigten Staaten aufsteigen sollte.

1906 Theodore Roosevelt war der bislang Jüngste, der es bis zur Präsidentschaft brachte. Er war auch der erste Staatschef, der in einem Auto fuhr, in einem Flugzeug flog und einen Nobelpreis (für seinen Beitrag zum Russisch-Japanischen Friedensvertrag von 1906) erhielt. Hier ist er mit dem amerikanischen Naturschützer John Muir abgebildet.

1908 Grenzgerichtsbarkeit ging für gewöhnlich schnell und oft wenig förmlich über die Bühne. Bei dem Mann, der vor dieser Hütte in Texas steht, handelt es sich um Richter Henry H. Campbell.

1908 Die glorreiche Zeit des amerikanischen Cowboys währte kaum länger als zwei Jahrzehnte. Dennoch wurden die Viehzüchter von allen Charakteren Amerikas am meisten gepriesen. Auf dem Foto sind zwei Cowboys auf der Matador-Ranch in Bonham (Texas) mit einer ihrer gefährlichsten Aufgaben beschäftigt: dem Zureiten eines wilden Pferdes.

1905 Diese Studie eines amerikanischen Cowboys stammt von Erwin Smith, der selbst als ein junger Viehtreiber unterwegs war. Smith schnallte eine Kodak-Kamera an seinen Sattel und brachte die umfassendste Bilddokumentation des Cowboy-Lebens heraus, die jemals zusammengetragen wurde.

um 1900 Buffalo Bill, der als William F. Cody (1846–1917) zur Welt kam, war ein vollendeter Schausteller. Nachdem er als Grenzscout Ruhm erlangt hatte, baute er »Buffalo Bill's Wild West Show« auf, die auf der ganzen Welt ein riesiges Publikum anzog. Der Mann mit Hut ist »Pawnee Bill«, Gründer einer der vielen anderen Wild-West-Shows, die von Buffalo Bills Erfolg inspiriert wurden.

um 1900 Die Schauspielerin Evelyn Nesbit war eine der größten amerikanischen Schönheiten ihrer Zeit. 1906 spielte sie eine Hauptrolle in einem der gewaltigsten Skandale der Epoche: Nesbits Mann, der Eisenbahn-Erbe Harry K. Thaw, ermordete während eines Musicals im Madison Square Garden ihren früheren Liebhaber, den berühmten Architekten Stanford White.

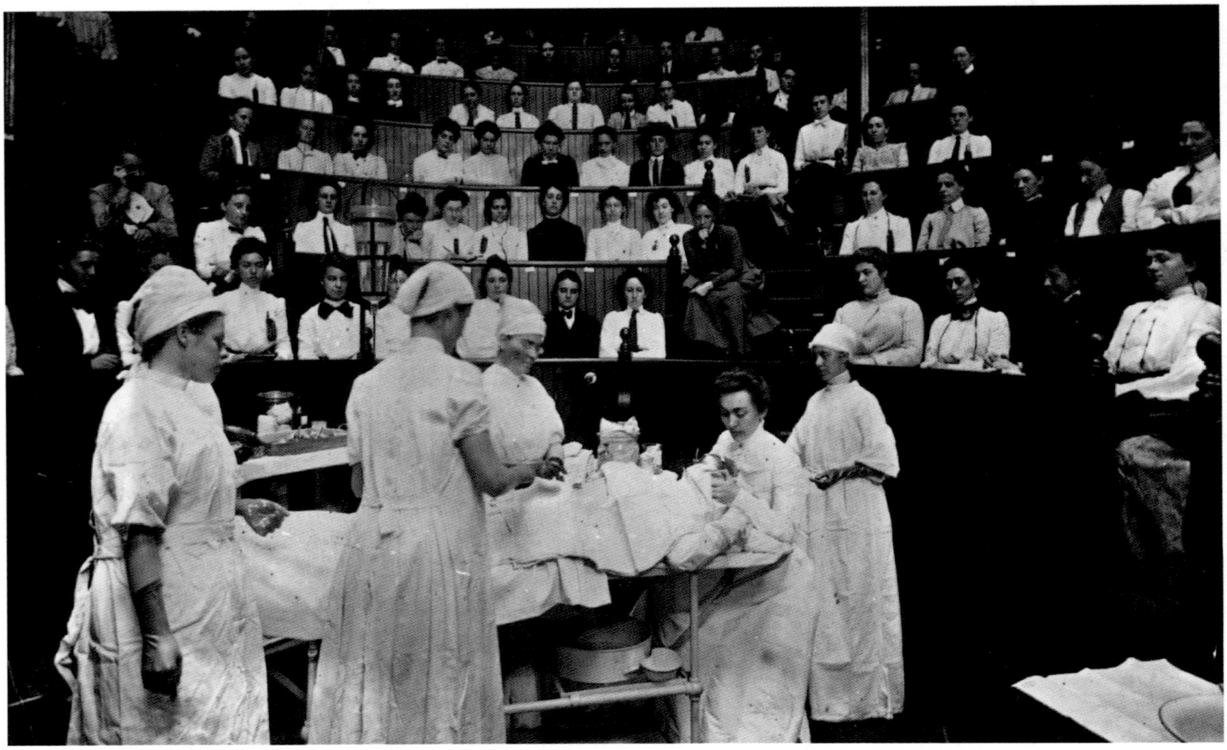

1907 Elizabeth Blackwell (1821–1910) machte 1849 als erste Amerikanerin den Doktor in Medizin. Noch immer trafen Frauen bei der medizinischen Ausbildung auf viele Hindernisse, doch bis 1907 war die Zahl der Ärztinnen gewachsen – einige waren gar Chirurginnen geworden (*oben*).

um 1902 Frances Benjamin Johnston fotografierte auf ihren Reisen durch den Süden junge schwarze Männer und Frauen, die ein Handwerk erlernten, mit dem sie ihren Lebensstil zu verbessern hofften. Diese Schneiderklasse (*unten*) nahm sie in Snow Hill (Alabama) auf.

um 1900 Die Carnegie Hall in New York, ein Geschenk Andrew Carnegies, war um 1900 die Schaubühne für Amerikas Talente der ernsten Musik. Florence Stern (*rechts*) machte damals als jüngste Violinistin, die jemals in der Carnegie Hall aufgetreten war, von sich reden.

um 1900 Isadora Duncan (1847–1927) trägt hier die locker fallende Tunika, die zu ihrem Markenzeichen wurde. Die richtungweisende Tänzerin im Amerika des frühen 20. Jahrhunderts war darüber hinaus als einflussreiche Lehrerin auch eine Pionierin des Modern Dance.

um 1904 In der Zeit, als Ausdruckstanz und Modern Dance aufkamen, betrachtete man Ruth St. Denis (1878–1968) übereinstimmend als schönste Tänzerin Amerikas. Hier ist sie mit ihrem Tanzpartner Ted Shawn zu sehen.

um 1900 Zu Beginn des Jahrhunderts bestanden die meisten Gebäude noch aus Holz und Feuer war keine ungewöhnliche Erscheinung. Zu den dramatischsten Anblicken dieser Zeit gehörte ein pferdebespannter Feuerwehrwagen, dessen Wasserdampfpumpe Rauch spuckte.

um 1900 Die stetig wachsenden Städte mit den wesentlichen Dienstleistungen zu versorgen, stellte eine bedeutende Herausforderung dar. Hier tritt eine Gruppe von New Yorker Polizisten, New Yorks »Finest«, zum morgendlichen Namensappell an (*rechts*).

um 1900 Der erste Supermarkt Amerikas öffnete seine Pforten erst in den 30er Jahren. Bis dahin kauften die Familien der Städter in Gemischtwarenhandlungen, Spezialitätenläden oder auf Märkten ein – so wie diese Mütter mit Kindern im Schlepptau (*vorige Seiten*).

um 1900 Jazz war einer der vielen afroamerikanischen Beiträge zum Leben in den USA. Er entstand Anfang des Jahrhunderts in New Orleans und ist durch Synkopierung und Improvisation gekennzeichnet. Seine Wurzeln liegen in den auf Plantagen angestimmten Arbeitsliedern und Gesängen. Als der Jazz an Popularität gewann, entstanden verschiedene Stilrichtungen wie z.B. Dixieland. Auf diesem Bild posiert eine frühe Jazzband für die Kamera.

um 1900 Von 1895 bis 1905 galt Booker T. Washington (1856–1915) bei den meisten Amerikanern, weiß wie schwarz, als das Sprachrohr seiner Rasse. Der als Sklave geborene Washington war auch unter Afroamerikanern eine höchst umstrittene Gestalt. Seine Bereitschaft, deren soziale Integration und Bürgerrechte im Austausch für pädagogische und ökonomische Chancen preiszugeben, stieß weitgehend auf Ablehnung. Das Tuskeegee-Institut, das er gegründet und zu einer erfolgreichen schwarzen Industrie-, Berufs- und Agrarhochschule aufgebaut hatte, stellte hingegen eine bedeutende Errungenschaft dar.

1900-09

1900 Mehrere Goldfunde lockten im frühen 20. Jahrhundert Tausende von Glücksrittern nach Alaska. Nach dem von ihnen errichteten Blockhaus zu urteilen, waren diese Goldsucher bei Dilman Creek (Alaska) entschlossen, bis zu ihrem erhofften Reichtum in der frostigen Gegend auszuharren.

1909 Am 6. April 1909 verkündete der US-Forscher Robert Edwin Peary (1856–1920), dass er nach mehreren vergeblichen Versuchen als erster Mensch den Nordpol erreicht habe. Rund 80 Jahre später kam jedoch eine Kontroverse auf – ein anerkannter Astronom behauptete, Pearys Messungen seien fehlerhaft gewesen und er habe die heldenhafte Leistung in Wirklichkeit nicht vollendet.

um 1908 Industrie und Handel schufen eine zunehmende Nachfrage nach neuen Wissensformen und Fertigkeiten. Dies ist eine Studentenbude der Yale University in New Haven.

um 1900 Der produktive Erzähler Henry James (1843–1916) etablierte sich mit Werken wie *Daisy Miller, Bildnis einer Dame, Die Damen aus Boston* und *Die Flügel der Taube* unter den kultiviertesten Autoren des Landes *(links)*. Seine *Kunst des Romans* stellte die erste größere Verteidigung der Fiktion als ernsthafte Kunstform dar.

um 1900 Mark Twain (1835–1910), dessen eigentlicher Name Samuel Langhorne Clemens lautete *(rechts)*, war einer der beliebtesten Humoristen und Romanautoren Amerikas. Zu seinen bekanntesten Werken zählen *Die Arglosen im Ausland, Die Abenteuer von Tom Sawyer* und *Leben auf dem Mississippi*. Ernest Hemingway pries Twains *Die Abenteuer von Huckleberry Finn* als das beste Buch der amerikanischen Literatur.

1909 William Howard Taft (1857–1930) und seine Frau Helen Herron Taft (1861–1943) bei der Kutschfahrt nach Tafts Amtseinführung als 27. Präsident der Vereinigten Staaten. Helen Taft war die erste First Lady, die ein kommerziell veröffentlichtes Buch (*Recollections of Full Years*) schrieb und die erste, die ihren Mann auf der Rückfahrt von seiner Amtseinführung zum Weißen Haus begleitete.

1910-1919

1910 -1919

um 1910 Die Amerikaner verehrten ihre Autos in vielerlei Formen. Hier sehen wir den Gewinner des Preises für den bestgeschmückten Wagen auf einer Autoparade in Detroit (Michigan). Es handelt sich um einen Chalmers 30.

Die Jahre nach 1910 waren geprägt von den erfolglosen Versuchen des Präsidenten, die Nation aus dem Weltkrieg herauszuhalten. An der Heimatfront wurden Publikumssportarten sehr populär, Athleten wie Jim Thorpe oder Jack Dempsey wurden zu Nationalhelden.

Besserer Stahl und die Erfindung des Fahrstuhls beschleunigten die vertikale und horizontale Ausdehnung der wachsenden Städte. Die Liebe der Nation zum Auto erreichte neue Höhen, als allein Ford in einem Jahr fast eine Viertelmillion Fahrzeuge produzierte. Amerikanische Frauen forderten aktiv wie nie zuvor ihr lange überfälliges Wahlrecht. Und in der Mitte des Jahrzehnts hatten die Amerikaner überall eine neue Unterhaltungsform entdeckt: das Kino.

1918 Der Kampf um das Frauenstimmrecht begann 1848 mit dem Kongress für Frauenrechte in Seneca Falls und zog sich mehr als 70 Jahre hin. Hier sehen wir eine Gruppe von Suffragetten (*vorige Seiten*) bei einem Parademarsch in New York City.

1913 Franklin D. Roosevelt (1882–1945) war Senator des Staates New York und Unterstaatssekretär der US-Navy in der Regierung Woodrow Wilson, bevor er 1933 der 32. Präsident der Vereinigten Staaten wurde. Das Bild zeigt Roosevelt im Alter von 31 Jahren in seinem Büro des Marineministeriums.

1917 Reklametafeln stellten nach 1910 in Klein- und Großstädten ganz Amerikas ein deutlich sichtbares Symbol für das Wachstum der Wirtschaft im Allgemeinen und der Werbeindustrie im Speziellen dar. Hier (*rechts*) profitiert eine Werbetafel hoch über den Straßen New Yorks vom Talent der Künstlerin Lucille Patterson.

1910 Jack Johnson (1878–1968) überwand heftige Rassenvorurteile, bevor er als erster Afroamerikaner Weltmeister im Schwergewicht wurde. Seinen 1908 errungenen Titel verteidigte er bis 1915, als er von Jess Willard verdrängt wurde – was viele für ein abgekartetes Spiel hielten.

um 1915 Der amerikanische Ureinwohner Jim Thorpe (1888–1953) war einer der besten und vielseitigsten Athleten des Landes. Bei den Olympischen Spielen von Stockholm gewann er 1912 den Zehnkampf und Fünfkampf, ferner galt Thorpe als ein herausragender Baseball- und Footballprofi.

1913 Dank solch beliebter Kämpfer wie Jess Willard, Jack Dempsey oder Gene Tunney zogen Boxkämpfe im ersten Viertel des Jahrhunderts wahre Zuschauermassen an. Auf diesem Bild verteidigt der jüdisch-amerikanische Boxer Abe Attel seine Krone im Federgewicht.

um 1915 Jack Dempsey (1895–1983), der legendäre Champion im Schwergewicht, bearbeitet den Punchingball. Der als »Manassa Mauler« bekannte Dempsey holte sich den Titel 1919 von Jess Willard und verlor ihn acht Jahre später an Gene Tunney.

um 1910 Unter all den Autorennen, die damals die Aufmerksamkeit der amerikanischen Öffentlichkeit erregten, war das alljährliche Rennen auf dem Indianapolis Motor Speedway die größte Attraktion (*folgende Seiten*). Auch heute noch sind die Indy 500 Amerikas Rennsportereignis Nr. 1.

3

um 1910 Ein früher Autohersteller pries seine Wagen mit dem Slogan »Kein Berg zu steil – kein Sandloch zu tief« an. Dies war eine geradezu ungeheuerliche Übertreibung. Im Jahre 1910 stellte der Mangel an gepflasterten Straßen noch ein erhebliches Hindernis für Reisen mit dem Auto dar.

1914 Zusammen mit dem Rennen auf dem Kurs von Indianapolis gehörte der Vanderbilt-Cup zu den populärsten und bestbesuchten Rennsportveranstaltungen des Landes. Der frühe Automobilsport führte den Rückspiegel, moderne Zündkerzen und stromlinienförmige Modelle ein.

um 1910 Ein Teilnehmer der Wettfahrt von New York nach Paris erreicht die typisch amerikanische Bergbaustadt Cherry Creek in Nevada.

1
1

um 1919 Zwei junge Frauen beim Händeschütteln nach einem auf dem Eis ausgetragenen Tennismatch. Die sporthungrigen Amerikaner schienen gewillt zu sein, fast jede neu eingeführte Sportart anzunehmen. Dem Eistennis war jedoch – nicht eben überraschend – keine große Zukunft beschieden.

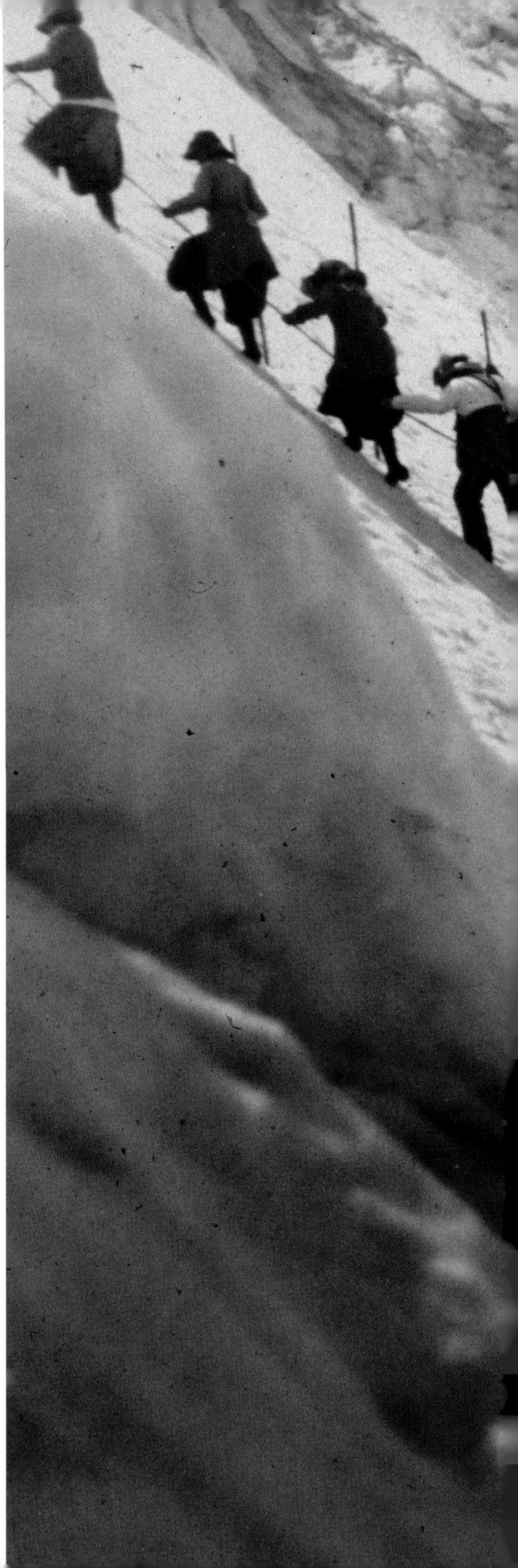

1913 Als dieses Foto aufgenommen wurde, waren bereits Millionen von Amerikanern begeisterte Teilnehmer oder Zuschauer bei allen möglichen Arten von Sport und Freizeitvergnügen. Hier macht sich eine Gruppe von Bergsteigern zum Gipfel des Mount Hood in Oregon auf.

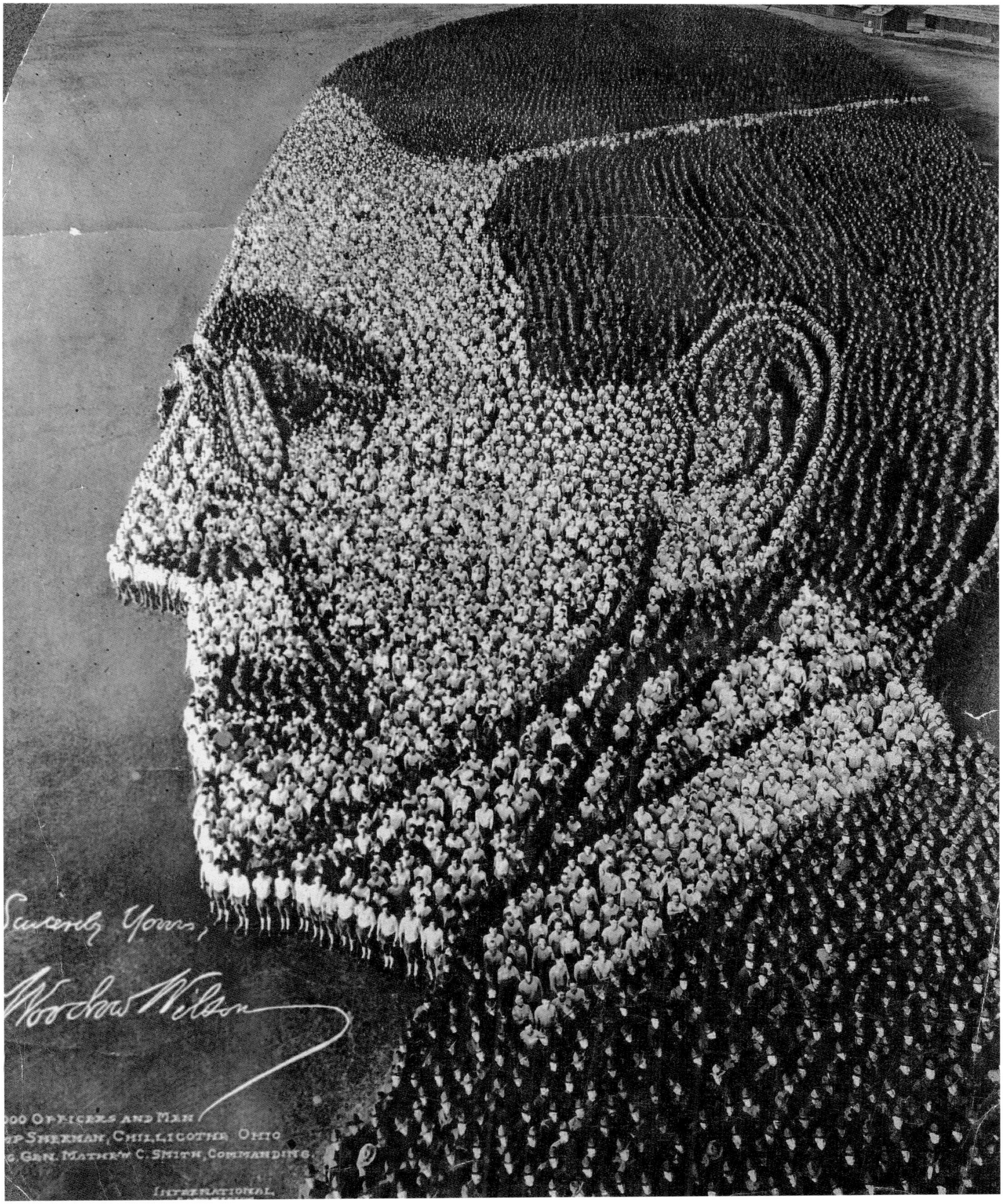

1918 Auf Amerikas Eintritt in den Ersten Weltkrieg folgte ein gewaltiger Ausbruch des Patriotismus. Diese Teilnehmerin an einem »Schauspiel der Freiheit« präsentiert stolz gleich zweifach die »Stars and Stripes«. Veranstaltungen dieser Art fanden im ganzen Land statt.

1918 Als Oberbefehlshaber des Landes symbolisierte Präsident Woodrow Wilson (1856–1924) Amerikas Entschlossenheit im Ersten Weltkrieg, den man für den »Krieg, der alle künftigen Kriege verhindert« hielt. Für dieses Foto formten 21.000 Soldaten im Camp Sherman (Ohio) ein lebendes Porträt ihres Präsidenten.

um 1917 Woodrow Wilson bei einer Kundgebung zum Ersten Weltkrieg (*oben*). Der 28. US-Präsident war der erste Staatschef, der zuvor einmal Rektor einer größeren Universität, nämlich Princeton, gewesen war.

um 1910 Der wirtschaftliche Aufschwung Amerikas brachte Männer mit gewaltigem Reichtum und Einfluss hervor. In der Krise von 1895 wurde die Macht des Finanziers John Pierpont Morgan (1837–1913) deutlich: die US-Regierung musste sich von seiner Bankfirma 62 Millionen Dollar in Gold borgen, um die Kasse des Finanzministeriums wieder auffüllen zu können.

um 1910 John D. Rockefeller (1839–1937), der Gründer der Standard Oil Company (*rechts*), erlangte seinen gigantischen Reichtum durch die Kontrolle von über 90 Prozent aller amerikanischen Raffinerien. Rockefeller (*Bildmitte, mit Zylinder*) zog sich in den 90er Jahren des 19. Jahrhunderts zurück und widmete sich der Philanthropie – vor seinem Tod brachte er noch mehr als 550 Millionen Dollar unter die Leute.

1919 Franklin Delano Roosevelt mit Mutter, Gattin Eleanor und Kindern vor ihrem Haus am Hyde Park in New York. 14 Jahre nach dieser Aufnahme wurde er zum Präsidenten gewählt. Seine Amtszeit währte länger als die seiner Kollegen (12 Jahre und 39 Tage).

um 1910 Theodore Roosevelt am Schreibtisch seines Hauses in Sagamore Hill (New York), ein Jahr nach dem Ende seiner Präsidentschaft (*rechte Seite*). 1912 verlor Roosevelt die Kandidatenwahl der Republikaner gegen William Howard Taft. Daraufhin gründete er die Partei der Progressiven (»Bull Moose«), wurde aber bei den Wahlen von Woodrow Wilson geschlagen.

1911 Frank W. Woolworth (1852–1919) eröffnete 1879 in Lancaster (Pennsylvania) seinen ersten »Five-and-Ten-Cent«-Laden (*Seite 176*). Später baute er eine landesweite Kette von Warenhäusern auf, die den Namen allseits bekannt machte. Hier ein Blick auf das riesige Woolworth Building in New York kurz vor der Vollendung.

um 1912 In der zweiten Dekade des 20. Jahrhunderts war das Sich-Fotografieren-Lassen schon lange keine Neuheit mehr, doch ließ man sich nach wie vor gerne im Bild verewigen. Diese Handwerker (*Seite 177*) klammerten sich an die Kette eines Krans, der auf der Spitze eines Wolkenkratzers thronte.

UNDERWOOD BUILDING
UNDERHILL
PHOTOGRAPHER

THEATRE
EQUITY ASSN
DAY

BUY LIBERTY
ADAMS
BLACK JACK

1912 Lewis Hine fotografierte nicht nur Kinderarbeit, sondern auch, wie schon sein Kollege Jacob Riis, dramatische Szenen aus dem Alltagsleben der Immigranten in den Mietskasernen von New York. Diese slawischen Neuankömmlinge freuen sich mit einer bereits früher eingewanderten Familie auf eine gemeinsame Mahlzeit.

um 1917 Um den Militäreinsatz des Ersten Weltkriegs zu finanzieren, verkaufte die US-Regierung Staatsobligationen, die »Liberty Bonds«. Auf riesigen Kundgebungen *(vorige Seiten)* beschworen Filmstars, Sportler und andere Berühmtheiten die Amerikaner eindringlich, tief in die Taschen zu greifen, um den Jungs an der Front zu helfen. Bis zum Ende des Krieges wurden Liberty Bonds im Wert von über 21 Milliarden Dollar verkauft.

1911 Obwohl die allermeisten Einwanderer aus Europa stammten, kamen auch Zehntausende aus anderen Teilen der Welt nach Amerika. Hier stellen sich einige Frauen aus Guadeloupe nach ihrer Ankunft von den Antillen auf Ellis Island zum Gruppenbild auf.

TO TAXICABS

1913 Viele der Bahnhöfe, die zu Beginn des Jahrhunderts errichtet wurden, sind wahre Höhepunkte der Architektur. Hier ein Blick auf den Wartesaal der Union Station in Washington D.C.

um 1915 Der Autor, Pädagoge und Sozialkritiker W.E.B. Du Bois (1868–1963) war ein unverblümter antirassistischer Aktivist (*oben links*). 1905 half er beim Aufbau der Niagara-Bewegung, einer schwarzen Gruppierung, die das Ende der Diskriminierung bei Wahlen, öffentlichen Einrichtungen, Erziehung und Beschäftigung forderte. 1910 war er Mitbegründer der National Association for the Advancement of Colored People (NAACP).

um 1910 Trotz der Hindernisse, die Frauen auf der Suche nach sinnvoller Arbeit im gesamten 18., 19. und frühen 20. Jahrhundert vorfanden, waren Frauen unter amerikanischen Autoren und Schriftstellern immer zahlreich vertreten. Dies ist die Dichterin Marianne Moore (*oben rechts*) am Tage ihrer College-Abschlussfeier.

um 1910 Pulitzerpreis-Gewinnerin Edith Wharton (1862–1937) war eine Sozialrealistin, deren Romane das Leben im Viktorianischen Zeitalter darstellten (*links*). Ihr bekanntestes Werk ist *Ethan Frome*.

um 1910 Der junge Robert Frost (1874–1963). Farmer, Lehrer, Dozent, Dichter – seine Anerkennung als einer der kreativsten Künstler war wohlverdient (*rechts*). Der Senat der Vereinigten Staaten ehrte den vierfachen Pulitzerpreisträger an seinem 75. wie auch an seinem 80. Geburtstag. Zu seinen bekanntesten Gedichten zählen »Mending Wall«, »The Road Not Taken« und »Stopping by Woods on a Snowy Evening«.

um 1912 Auch in der zweiten Dekade des Jahrhunderts drängten Frauen weiterhin in Berufe, die früher einmal ausschließlich Männern vorbehalten waren. Dies ist Mrs. Alice Stebbins vom LAPD, dem Polizeipräsidium von Los Angeles. Sie war eine der ersten Polizistinnen der Welt.

um 1910 Frances Benjamin Johnston (1864–1952) gilt als erfolgreichste aller frühen amerikanischen Fotografinnen. Ihr Ruhm basiert auf Fotos von Schulkindern aus Washington D.C., schwarzen Studenten der Institute von Tuskeegee und Hampton, Fabrikarbeiterinnen sowie der US-Navy.

um 1915 Eine junge Suffragette vor der Harvard University, Arm in Arm mit ihrem Freund – einem der vielen männlichen Mitstreiter im Kampf um das Frauenwahlrecht. Seine extravagante Kleidung soll auf das Anliegen der Suffragetten aufmerksam machen.

um 1913 Harriot Blatch (1856–1940) war eine bedeutende Führungspersönlichkeit der amerikanischen Suffragettenbewegung. Hier bringt sie gemeinsam mit Kampfgenossinnen (*rechts*) ein Plakat an, das einen Vortrag der bekannten britischen Suffragette und Feministin Sylvia Pankhurst ankündigt.

um 1910 Bei ihren unermüdlichen Bemühungen um das Frauenstimmrecht deckten Suffragetten den Kongress pausenlos mit Petitionen ein. Hier sehen wir vor dem Senat (*vorige Seiten*) Frauenrechtlerinnen aus etlichen Bundesstaaten, die über das Wahlrecht hinaus gleiche Rechte für Frauen in allen Dingen fordern.

PANKHURST
WOMEN'S POLITICAL UNION
SYLVIA PANKHURST
NEGIE LYCEUM
FRIDAY
EVENING
JANUARY
WOMEN'S POLITICAL UNION

1917 Jeanette Rankin (1880–1973), hier auf der Fahrt zu ihrer Vereidigung, wurde als erste Frau in den Kongress der Vereinigten Staaten gewählt. Ihre strikte Haltung gegen Amerikas Eintritt in den Ersten Weltkrieg verhinderte ihre Wiederwahl. Sie wurde erst 1940 wieder gewählt und stimmte als einziges Mitglied des Kongresses auch gegen die Teilnahme Amerikas am Zweiten Weltkrieg.

NATIONAL AMERICAN
WOMAN SUFFRAGE ASS'N
1625

um 1910 Angehörige des Volkes der Flathead. Die auch Salish (*links*) genannten Ureinwohner lebten auf der Westseite des Glacier-Nationalparks in den Rocky Mountains.

1914 Bis weit ins 20. Jahrhundert hinein waren die entlegeneren Gegenden Amerikas relativ unerforscht. Diese im Lager des kanadischen Forschers Vilhjamer Stefanson, nahe Point Barrow, fotografierten Inuit (*vorige Seiten*) bewohnten die amerikanische Arktisküste.

um 1910 Die Pioniere der Fotovermarktung erkannten schon bald, dass Porträts amerikanischer Ureinwohner zu ihren umsatzstärksten Motiven gehörten. Dieses Bild eines jungen Mädchens stammt von der General Photographic Agency.

1918 Der Erste Weltkrieg war der erste Krieg, in dem Frauen eine aktive Rolle spielten. Dies ist die Newton Square Unit der Women's Land Army (*oben*), die Gärten bepflanzte und Aufgaben als amerikanischer »Putzdienst« übernahm.

um 1918 Als Amerika in den Ersten Weltkrieg eintrat, hatte der Pferdewagen bei der Postzustellung ausgedient. Diese Soldaten (*links*) bekommen ihre Briefe bereits von einem frühen Kraftwagen.

1921 Zur Unterstützung der kriegführenden Truppe ersetzten viele Frauen die an der Front kämpfenden Farmer. Die schlammverschmierte junge Frau (*rechts*) pendelte zwischen ihrem Einsatz im Ackerbau und ihrem Studium am Vassar College.

1918 Die Unterzeichnung des Waffenstillstands am 11. November beendete den Ersten Weltkrieg und war im ganzen Land Anlass für Siegesparaden. Hier eine Szene aus New Yorks Fifth Avenue (*oben*).

1918 Das Ende des »Blutbades«, das der Erste Weltkrieg darstellte, wurde aufrichtig bejubelt. Soldaten in Camp Dix (New Jersey) feiern ihre Entlassung aus dem Dienst (*links*). Das Bild stammt von Underwood and Underwood, einer der seinerzeit bedeutendsten Fotoagenturen.

1918 Endlich Frieden. Diese am Tage des Waffenstillstands feiernden Menschen (*rechts*) konnten sich wohl kaum vorstellen, dass die USA nur 23 Jahre später erneut in einen globalen Konflikt geraten würden.

1918 Bei den Kriegsanstrengungen spielten Frauen eine bedeutende Rolle, indem sie Soldaten auf Urlaub unterhielten. Hier lauschen Soldaten in einem Klub in Newark (New Jersey) einer Pianistin (*vorige Seiten*). Das Bild stammt von James Van Der Zee, dem führenden afroamerikanischen Fotografen seiner Zeit in Amerika.

um 1915 Wie später das Fernsehen, konnte auch der Film über Nacht berühmt machen. Die verführerischen Darbietungen Theda Baras (1890–1955) schockierten viele frühe Kinogänger und trugen ihr den Spitznamen »The Vamp« ein.

um 1915 Das Kino brachte neben berühmten Schauspielern und Schauspielerinnen auch namhafte Regisseure hervor *(rechts)*. David Wark Griffith (1875–1948), der in der Bildmitte sitzende Mann, führte Techniken wie Nahaufnahme, Abblende und Rückblende ein. Sein 1915 entstandener Film über die Jahre nach dem Bürgerkrieg, *The Birth of a Nation*, war ein früher Kassenerfolg, gilt jedoch mittlerweile als entwürdigende Darstellung der Afroamerikaner.

um 1915 »Das magische Reich des 20. Jahrhunderts, das Mekka der Welt«. So sah sich die Filmindustrie selbst, als sie zur größten Form von Massenunterhaltung geworden war, der das Volk jemals begegnet war. Das Foto der beiden frühen Kameramänner *(vorige Seiten)* entstand noch in der Zeit des Stummfilms.

UNITED ARTISTS.
14

1919 Auf diesem Bild fing ein Fotograf für die Tropical Press Picture Agency vier Giganten des frühen amerikanischen Kinos ein. Von links nach rechts: die Schauspielerin Mary Pickford (1892–1979), der Regisseur D. W. Griffith, der Schauspieler und Regisseur Charles Chaplin (1889–1977) sowie der Schauspieler Douglas Fairbanks (1883–1939).

1915 Der Mann in der Mitte dieses Bildes ist der weltberühmte Entfesselungskünstler und Magier Harry Houdini (1874–1926). Mehr als 20 Jahre lang schockte und erregte er das Publikum mit seinen Fluchten aus Zwangsjacken, verschlossenen und zugeketteten Koffern, Seilen und Handschellen. Hier zwängt man ihn in einen ausbruchssicheren Anzug, in dem er anschließend ins Meer geworfen wurde. Doch – wie immer – wusste sich Houdini rasch zu befreien.

um 1915 Eine Szene aus einem der vielen Filme, die Mack Sennett mit seiner Keystone Photographic Company produzierte *(folgende Seiten)*. Er drehte Hunderte von Streifen, in denen häufig seine neckischen »badenden Schönheiten« zur Geltung kamen. Eine ganze Reihe von Hollywood-Stars, darunter Gloria Swanson und Charlie Chaplin, hatten ihre ersten Auftritte in Sennett-Filmen.

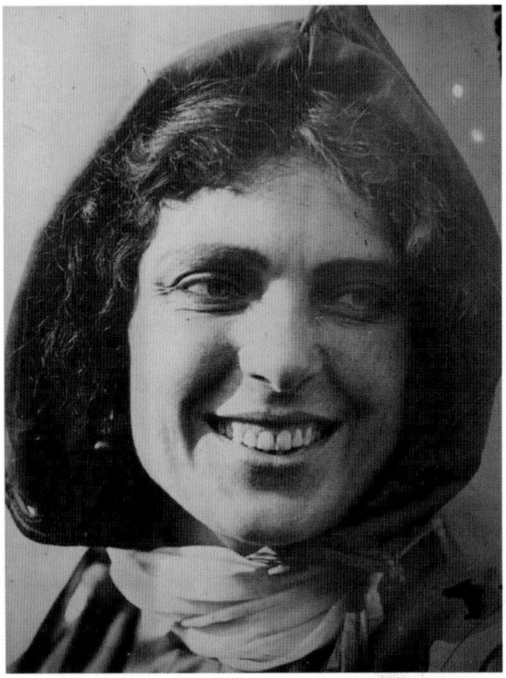

um 1910 In den ersten Dekaden des 20. Jahrhunderts diente das freie Schulsystem Amerikas noch als Modell für Länder aus aller Welt. Diese Kinder sind fleißig in einer Handarbeitsklasse zugange.

um 1912 Die Fliegerin Harriet Quimby (1875–1912) war 1911 der erste lizensierte weibliche Pilot in Amerika und überflog ein Jahr später als erste Frau den Ärmelkanal.

um 1910 Die blind, taub und stumm geborene Helen Keller (1890–1968) inspirierte Millionen von Menschen. Mit Hilfe ihrer ständigen Begleiterin und Lehrerin Anne Sullivan bewältigte sie das Radcliffe College mit Auszeichnung, veröffentlichte mehrere Bücher und widmete sich intensiv der finanziellen Unterstützung blinder Menschen.

1917 Amerikanische Krankenschwestern spielten im Ersten Weltkrieg eine bedeutende Rolle, nicht nur hinter den Frontlinien in Europa. Diese Frauen (*folgende Seiten*) wurden ausgebildet, um die nach Amerika zurückgebrachten Verwundeten zu versorgen.

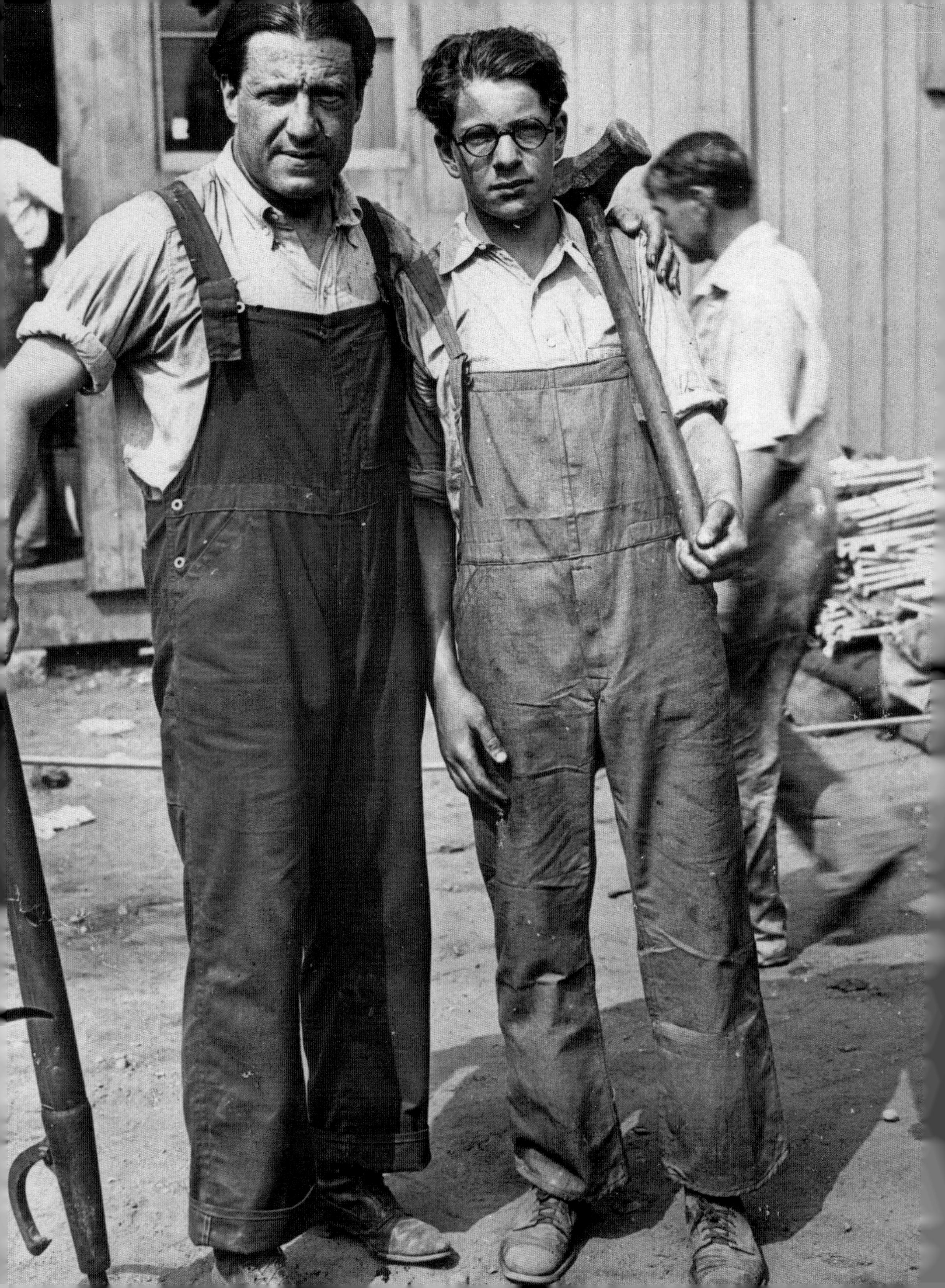

1918 Menschen aus allen Schichten und Berufen halfen, die Belastungen des Ersten Weltkrieges zu tragen. Der Mann links im Bild ist der führende Zionist Rabbi Stephen S. Wise, der Gründer der Free Synagogue in New York (1907) und Mitbegründer des American Jewish Congress (1918).

um 1910 Die National Association for the Advancement of Colored People (NAACP) wurde 1910 von dem schwarzen Pädagogen und Schriftsteller W.E.B. Du Bois (1868–1963) und sieben weißen Amerikanern ins Leben gerufen. Sie war ein mächtiger Anwalt für die Rechte und Chancen der Schwarzen.

um 1919 Die »Eisbahn« mag winzig gewesen sein, doch der Ehrgeiz dieser Frau war gewaltig. Die französische Eiskunstläuferin Mademoiselle Marge war nach Amerika gekommen, um die Kalifornier für den Wintersport zu begeistern.

1920-1929

1920 -1929

um 1927 In den 20er Jahren erlangten Frauen mehr Unabhängigkeit als je zuvor. Nachdem die Stadtväter von Reedy (West Virginia) ihnen das Tragen von Knickerbockern verboten hatten, appellierten die Frauen dort an den Generalstaatsanwalt, woraufhin die Anordnung gekippt wurde.

Die »Wilden Zwanziger« waren einmalig. Es war die Zeit des Charleston, der frechen Bubiköpfe, der Prohibition und einer erstaunlichen Vielfalt an Moden und verrückten Kunststücken.

Es war auch eine Ära unglaublicher persönlicher Leistungen. Babe Ruth schlug 60 Homeruns in einer einzigen Saison. Gertrude Ederle schwamm als erste Frau durch den Ärmelkanal. Und Charles Lindbergh, der größte Held von allen, flog solo über den Atlantik.

Frauen erhielten endlich das Stimmrecht, das Kino lernte sprechen und Schriftsteller wie F. Scott Fitzgerald kamen zu Ruhm. Die Börse florierte wie nie zuvor, das Wirtschaftswachstum schien endlos. Doch als der Markt zusammenbrach, wurden die Wilden Zwanziger zur Dekade von Boom und Bankrott.

1926 Die Überschwänglichkeit der »Wilden Zwanziger« resultierte aus dem Gefühl der Erleichterung über das Ende des Krieges und einer endlos scheinenden Periode wirtschaftlichen Wohlstands. Dies ist ein Tanzwettbewerb im Parody Club von New York (*vorige Seiten*).

um 1929 Als der erste Trickfilm mit Micky Maus (*Plane Crazy*) 1928 erschien, war die von Walt Disney (1901–1966) erschaffene Figur auf dem besten Wege, ein weltweites Phänomen zu werden. Das Foto zeigt »Micky« auf dem Gipfel eines Berges von Fanbriefen.

um 1923 Die beispiellose Freiheit, die viele Frauen in den 20er Jahren verspürten, war in nicht geringem Maße dem Auto zu verdanken. Diese Frau (*rechts*) füllt einen Reifen mit Luft, ohne dass ein Mitglied des »starken« Geschlechts in Sichtweite wäre.

ERION
COVE
WAG
YEAR
THE GREATEST AMERIC
COMMERCIAL
1-726-380

um 1925 Zwischen dem Flug der Gebrüder Wright im Jahre 1903 und dem Ende des Ersten Weltkriegs erkannte kaum jemand die kommerziellen Chancen der Fliegerei. Doch nach dem Krieg begünstigten rapide Verbesserungen bei Höchstlast, Tempo und Reichweite die Gründung der ersten kommerziellen Fluggesellschaften. Diese Passagiere warten darauf, eines der ersten Flugzeuge der American Airways zu besteigen.

1924 Autos waren gleichermaßen Gegenstand sonderbarer Launen wie grenzenloser Anbetung. Hier sehen wir den Versuch eines Automobilisten, seinen Wagen sowohl unverwechselbar als auch aerodynamisch zu gestalten.

1929 Von den ersten Tagen des bemannten Fluges an waren Luftschiffe als Flugtransportmittel vorgesehen, woran sich bis zur *Hindenburg*-Katastrophe im Jahre 1937 auch nichts ändern sollte. Hier hat sich eine Menschenmenge versammelt, um das erste vollständig aus Metall erbaute Luftschiff der Welt zu bestaunen.

1928 Die Pilotin Amelia Earhart (1898–1937) überflog als erste Frau den Atlantik von Wales nach Southampton (New York). Das Foto zeigt sie unmittelbar nach der Landung. Earhart stellte noch einige weitere Luftfahrtrekorde auf, bevor sie im Jahre 1937 während eines Fluges, der sie einmal um die Erde führen sollte, auf mysteriöse Weise verschwand.

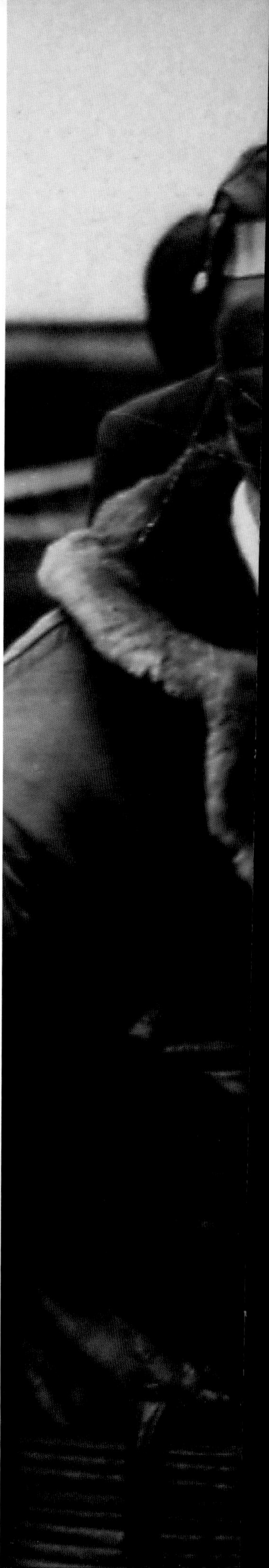

um 1925 Ein Dampfschiff auf dem nächtlichen Mississippi. In den 20er Jahren waren die glorreichen Tage dieser Wasserfahrzeuge zwar längst vergangen, doch blieben Ausflüge auf den Dampfern weiterhin sehr beliebt.

um 1925 Die SS *Leviathan*, ein früheres Schiff der Linie Hamburg-Amerika, läuft in den Hafen von New York ein. Das ursprünglich *Vaterland* getaufte Schiff wurde während des Ersten Weltkriegs von der US-Regierung in New York beschlagnahmt und umbenannt.

1927 In einer Zeit der Helden war er der größte Held von allen: Als Charles Lindbergh (1902–1974) am 20. Mai 1927 von New York aus startete, flogen die Hoffnungen der ganzen Nation mit ihm. $33^1/_2$ Stunden später landete er in Paris – der erste Nonstop-Alleinflug über den Atlantik war geschafft. Die New Yorker ehrten ihn mit einer Konfetti-parade, die alles übertraf, was Amerika bis dahin gesehen hatte.

um 1920 Der Mann zur Linken ist Huddie Ledbetter (1888–1949), der als Meister der Bluesgitarre unter dem Namen »Leadbelly« weltbekannt wurde. Sein berühmtester Song war »Goodnight Irene«.

um 1925 Der Komponist Irving Berlin an seinem Klavier. Im Lauf der Zeit schrieb Berlin über 1.500 Stücke, die ihn zu einem der beliebtesten Songwriter Amerikas machten. Darunter waren Hits wie »Alexander's Ragtime Band«, »God Bless America«, »Always« und »White Christmas«. Zu seinen bekanntesten Musicals zählen *Annie Get Your Gun* oder *Call Me Madam*, ferner schrieb er Musik für Filme wie *Blau ist der Himmel* oder *Osterspaziergang*.

um 1925 New Yorks Stadtteil Harlem war in den 20ern das Zentrum der afroamerikanischen Kultur und zog eine große Zahl von schwarzen Schriftstellern, Künstlern und Intellektuellen an. Zur Bewegung der Harlem Renaissance gehörten großartige Talente wie Langston Hughes, Charles Johnson und der hier abgebildete Dichter Countee Cullen (1903–1946).

1928 Der Altistin Marian Anderson (1897–1993) wurde trotz ihrer großartigen Stimme nicht erlaubt, in der Constitution Hall von Washington D.C. zu singen – weil sie schwarz war. Als erste afroamerikanische Sängerin trat sie 1955 in der Metropolitan Opera auf.

um 1925 Der in Charleston (South Carolina) entwickelte gleichnamige Tanz wurde ein dynamisches Symbol der 20er Jahre. Hier übt Weltmeisterin Bee Jackson ihre Schritte vor dem Spiegel.

um 1925 In der Geschichte des Landes ist wohl keinVerfassungs-gesetz so oft missachtet worden wie der 18. Zusatz aus dem Jahr 1919, gemeinhin als Prohibition bekannt. Um 1924 gab es allein in New York 10.000 als »Speak-easies« bekannte Flüsterkneipen, die »booze«, also Schnaps, an Leute verkauften, die bereit waren, das Gesetz zu umgehen.

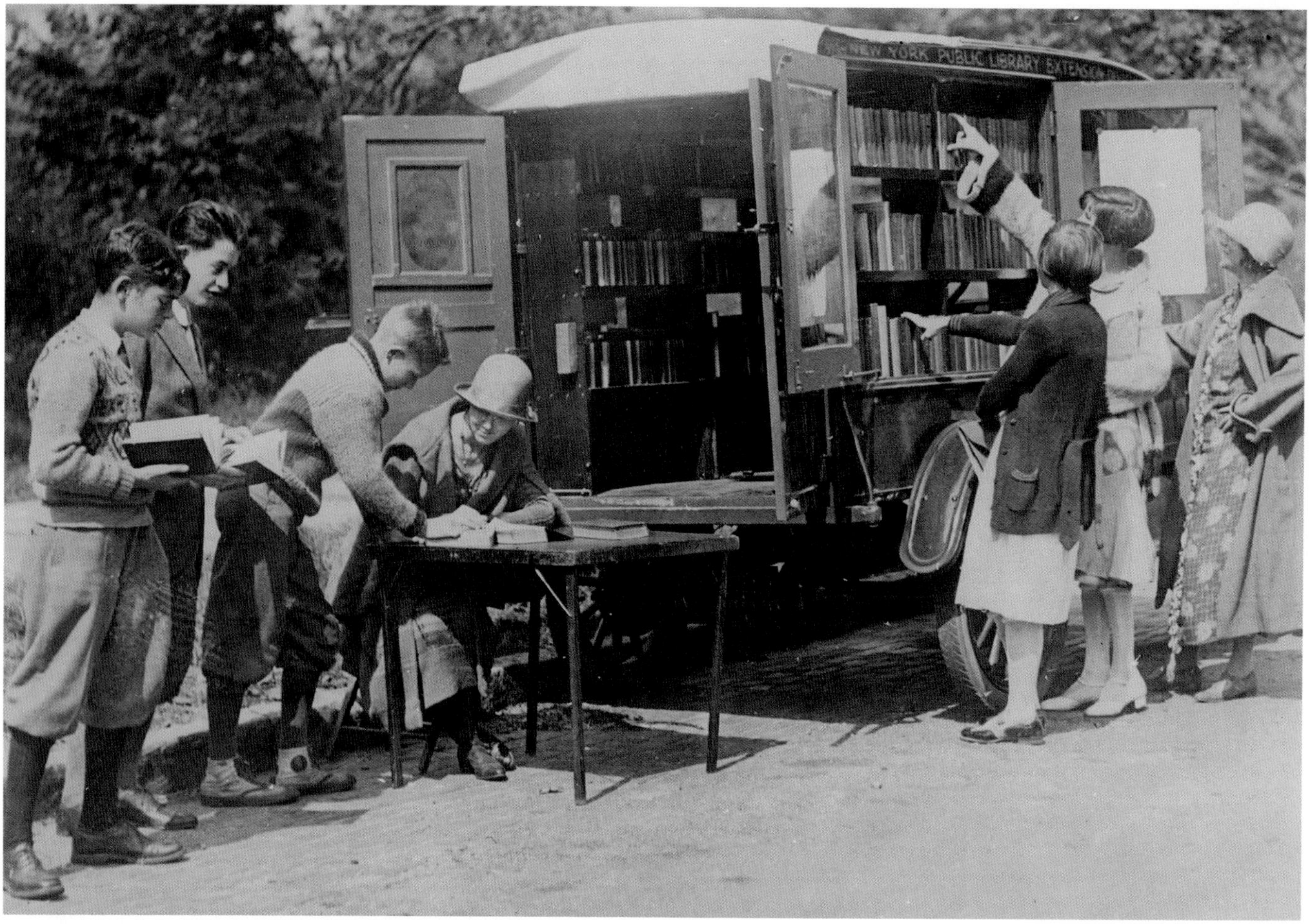

um 1925 Das Autozeitalter machte einen Service möglich, von dem die Erfinder der ersten Autos wohl nicht geträumt hatten. Büchereien im ganzen Land richteten rollende Abteilungen ein, welche auch ländliche und weniger mobile Leseratten erreichen sollten.

um 1919 Verkaufsstände am Straßenrand hat es in amerikanischen Städten von jeher gegeben. Hier schmökert eine scheinbar sehr lässige Künstlerin, während ihr Werk begutachtet wird.

1926 Gewaltige Brücken gehörten zum Panorama vieler Städte (*rechts*). Ihr Bau war eine Sache – ihre Instandhaltung jedoch eine andere. Hier zeigen vier Männer auf dem oberen Bogen der Brooklyn Bridge von New York, dass sie die nötigen Fähigkeiten haben, um beim Trupp der Brückenmaler angeheuert zu werden.

um 1920 Bewegte man sich durch die Einwandererviertel von New York, war es meist nicht allzu schwer zu erkennen, welche Gruppe von Immigranten sich in einer bestimmten Gegend angesiedelt hatte. Schilder wie das im Vordergrund links sprachen für sich.

um 1920 Der Anblick der hochragenden Gebäude von New York überwältigte nicht nur die Einwanderer, die aus Kleinstädten oder Dörfern im Ausland kamen. Diese beiden jüdischen Immigranten warten auf die Fähre, die sie von Ellis Island nach Manhattan bringen soll.

Ever-Ready
SAFETY
RAZOR
$1.00
Rigidly Sterilized
GAIETY
DRINK
Coca-Cola
DELICIOUS
REFRESHING
ASTOR THEATRE
LADY BUTTERFLY
BIG MUSICAL HIT
THEATRE TICKETS
GLOBE
CANDY
STRAND
FISK TIRES
CAPITOL THEATRE
GINGER ALE
CAPITOL

Chesterfiel
CIGARETTES
-take my tip
PALACE
COLUMBIA
UNIVERSAL
PICTURES
LOEWS STATE
4 HORSEMEN OF
THE ROYAL TAILOR
MADE TO ORDER

1921 Das Flatiron Building in New York erhielt seinen Namen durch die Ähnlichkeit mit einem stehenden Bügeleisen. Nicht nur für viele Fotografen glich es jedoch eher dem Bug eines Schiffes – ein Symbol für den Geist und die Tatkraft, die diese Stadt kennzeichneten.

um 1926 »Wir können nicht alle in Städten leben«, schrieb der Verleger und Politiker Horace Greeley, »doch alle scheinen dazu entschlossen zu sein.« Dies war die Fifth Avenue von New York.

1921 Ein englischer Besucher beschrieb die amerikanische Stadt als »Dame im Ballkleid, mit Diamanten im Ohr und Stiefeln, aus denen die Zehen hervorschauen«. Dies war eine besonders zutreffende Beschreibung des Times Square von New York (*vorige Seiten*), in dessen Lichterglanz sich die reizvollen wie die düsteren Seiten des städtischen Lebens gleichermaßen zeigten.

um 1925 Diese unauffällige und bescheidene Markise gehörte zu einem der aufregendsten und einflussreichsten Nachtclubs des Landes. Der »Cotton Club« in Harlem zog mit den besten schwarzen Jazzern und Entertainern Zehntausende von weißen und schwarzen Gästen an. Unzählige schwarze Künstler nennen in ihren Biographien den Club als Starthelfer für ihre Karriere.

um 1929 Die George Washington Bridge von New York wurde vom schweizerisch-amerikanischen Ingenieur Othmar Ammann entworfen und verband die Staaten New York und New Jersey. Auf den breiten Gleisen in der Mitte der Brücke fuhr die U-Bahn.

1924 Zu Beginn des 20. Jahrhunderts wetteiferten viele Städte um den spektakulärsten Bahnhof des Landes. Vorbild für New Yorks Pennsylvania Station waren die antiken römischen Thermen des Caracalla. Das Gebäude wurde im Jahre 1964 abgerissen.

RIKER'S DRUG STORE
KER makes it
QUALITY

1925 Die »waghalsigen« jungen Frauen auf diesem Bild waren Mitglieder eines Kurses für Körperkultur. Die als »Daily Dozen Girls« bekannte Gruppe bildet am Brighton Beach von New York einen menschlichen Seestern.

1927 Die Person in diesem kunstvollen Kleid ist nicht wirklich weiblich. Es handelt sich um einen Frauenimitator, den Gewinner eines Hauptpreises bei der »Mummer Parade«, Philadelphias Kostümschau von 1927.

1927

um 1925 Der Tänzer Bill Robinson (1878–1949) war einer der beliebtesten afroamerikanischen Entertainer, die das Publikum in die vielen Nachtklubs von Harlem lockten. Als herausragender Tänzer verdiente sich Robinson sowohl den Beinamen »Bojangles« als auch den Titel »König des Stepptanzes«.

um 1923 Die durch ihren Jazzgesang, ihre heißblütigen Tänze und ihre exotischen Kostüme berühmt gewordene Josephine Baker begeisterte die Massen, wo auch immer sie auftrat. Zum Ende ihrer Karriere hin war sie in Frankreich ebenso populär geworden wie in den Vereinigten Staaten.

um 1920 Der in Jamaika geborene Nationalist Marcus Garvey (1887–1940) trieb als Gründer der UNIA (Gesellschaft zur Verbesserung der Lage der Schwarzen) Millionen von Dollar auf, um Afroamerikanern die Emigration nach Afrika zu finanzieren. 1923 wurde er wegen Betrugs zu fünf Jahren Haft verurteilt, doch zwei Jahre später von Präsident Calvin Coolidge begnadigt.

1925 Strafverteidiger Clarence Darrow (1857–1938) war an einigen der berühmtesten Prozesse seiner Zeit beteiligt, darunter der »Affen-prozess«, in dem John Scopes die Evolutionstheorie verbieten lassen wollte. Im Fall Leopold und Loeb waren zwei reiche junge Männer des Mordes aus purer Neugier angeklagt. Die meiste Zeit seiner Laufbahn widmete Darrow jedoch dem Kampf für die Unterprivilegierten.

um 1920 Juliette Low (1869–1927; *oben, links im Bild*) gründete 1913 den Verband der Pfadfinderinnen der USA. Unter Lows Führung stieg die Mitgliederzahl bei den »Girl Scouts« rapide an. Die Organisation hat erfolgreich und flexibel den Wandel der Zeiten sowie Veränderungen bei Struktur und Bedürfnissen ihrer Mitglieder bewältigt.

1926 Margaret Sanger (1883–1966) war eine passionierte Sozialreformerin sowie Gründerin und Präsidentin der American Birth Control League, der Organisation, aus der später die Planned Parenthood Federation of America wurde (*rechts*). Ihre Beweggründe erläuterte sie wie folgt: »Mutter bekam elf Kinder, sie starb mit 48. Mein Vater wurde 80.«

1928 Die amerikanische Anthropologin Margaret Mead (1901–1978, *links*). Ihre Expeditionen führten sie ab 1925 nach Samoa, Neuguinea und Bali. Sie leistete Pionierarbeit, indem sie die Bedeutung der Beziehung zwischen Kultur und Psychologie hervorhob. Sie war später Kuratorin für Ethnologie am American Museum of Natural History. Ihr bekanntestes Buch ist *Kindheit und Jugend in Samoa* (1928).

WOMEN!
USE
YOUR
VOTE

um 1928 Calvin Coolidge (1872–1933) war während zwei Dritteln der »Wilden Zwanziger« der 30. US-Präsident. In dieser wilden, temperamentvollen und wechselhaften Dekade wurde das Land ironischerweise von einem konservativen Staatschef geführt, der die »größte Pflicht und Verantwortung« der Regierung darin sah, »keine neuen Unternehmungen anzufangen«.

um 1920 Durch den 20. Zusatz zur Verfassung erhielten die amerikanischen Frauen im Jahre 1920 das Wahlrecht. Für viele Suffragetten änderte sich ihre Aufgabe dadurch aber nur marginal, da sie jetzt die Frauen zur Ausübung ihres hart erkämpften Rechtes überreden mussten.

1920 Norman Rockwell (1894–1978) im Jahre 1920. Dank der bezaubernden, oft auch patriotischen Bilder und Titelblätter für Zeitschriften, besonders für die *Saturday Evening Post*, wurde Rockwell zu einem der populärsten Illustratoren des Landes. Sein Einfluss reichte in den 50er Jahren bis nach Europa.

um 1929 Viele halten Eugene O'Neill (1888–1953), hier mit seiner Familie, für den größten Dramatiker Amerikas. Seine oft tragischen Stücke unterschieden sich deutlich von früheren Formen amerikanischer Bühnenwerke. *Jenseits vom Horizont*, *Anna Christie* und *Eines langen Tages Reise in die Nacht* gewannen allesamt den Pulitzerpreis, im Jahre 1936 erhielt er den Nobelpreis für Literatur.

um 1925 Die gesamten 20er Jahre hindurch widmeten sich die Amerikaner, stets allem Neuen aufgeschlossen, aktiv oder passiv einer Unzahl von Verrücktheiten. Es war die Ära der Tanzmarathons und des Mah-Jongg, der Einführung von Kontraktbridge und des Kreuzworträtsels. Diese Kalifornier sind mit einem der bizarrsten Spiele beschäftigt – Schach mit lebenden Figuren.

um 1922 Anfang 1922 gab es in den Vereinigten Staaten vier lizenzierte Rundfunkstationen, gegen Ende des Jahres waren es 576. Anfangs musste man Kopfhörer benutzen, um einem Programm zu lauschen – wie dies humorige Foto veranschaulicht. Bald jedoch wurden Lautsprecher in die Geräte eingebaut, sodass mehrere Leute gemeinsam zuhören konnten.

um 1927 *(folgende Seiten)* **Mit der ständig wachsenden Begeisterung** für das Kino verwandelte sich Hollywood, ein ehemals ruhiger Stadtteil von Los Angeles, in eine quirlige Kinostadt.

SHOES

LUNCH
CAFE
POSTAL TELEGRAPH

1925 Produzent Samuel Goldwyn (1882–1974) und seine Frau, die Schauspielerin Frances Howard, am Hochzeitstag (*oben links*). Zu seinen Kinohits gehörten *Die Sturmhöhe, Die kleinen Füchse, Die besten Jahre unseres Lebens* und *Schwere Jungs und leichte Mädchen*.

um 1928 Lionel Barrymore (1878–1954) machte die Barrymores gemeinsam mit Schwester Ethel und Bruder John zur führenden Schauspielerfamilie Amerikas. Alle drei spielten zahlreiche Rollen auf Bühne und Leinwand. Hier sehen wir Barrymore mit seiner Frau Irene Fenwick (*oben*).

um 1921 Rudolph Valentino (*links*) etablierte sich ab 1921 als der größte Leinwandliebhaber seiner Tage. Nach seinem Tod begingen mindestens zwei weibliche Fans Selbstmord, und mehr als 30.000 untröstlich Trauernde wohnten seiner Beerdigung bei. Dies ist eine Szene aus seinem wohl bekanntesten Film, *Der Scheich*.

um 1923 Gloria Swanson (1897–1983) begann ihre Filmkarriere als badende Schönheit in Mack-Sennett-Streifen (*rechts*). Ihr Einfluss reichte weit über die Leinwand hinaus: unzählige Frauen kopierten ihre Frisuren und den Schnitt ihrer Kleider. Ihre berühmteste Rolle war die der Norma Desmond in *Sunset Boulevard*.

GAGS
GAGS
GAGS

um 1924 Walt Disney (1901–1966) änderte das Gesicht der Familienunterhaltung mit den von ihm geschaffenen Zeichentrickfiguren und Filmen wie *Dumbo, der fliegende Elefant, Pinocchio, Schneewittchen und die sieben Zwerge, Bambi* oder *Fantasia*. Auf dem Bild bringt Disney einen Pinguin dazu, in seiner innovativen Zeichentrickserie *Silly Symphony* aufzutreten.

um 1928 Auf diesem Pressefoto trifft Komiker und Regisseur Joseph »Buster« Keaton (1896–1966), bewaffnet mit zwei witzgefüllten Reisetaschen, gerade vor einem Filmstudio ein. Wegen seines unbewegten Gesichtsausdrucks wurde Keaton auch als »The Great Stone Face« bekannt.

um 1921 Charlie Chaplin (1899–1977) ist der berühmteste komische Schauspieler in der Geschichte des Films. Sein Gesicht wurde überall so bekannt, dass er eigentlich ohne Pass durch Europa reisen konnte. Hier sehen wir Chaplin in der Gestalt des »Little Tramp«, einer seiner bekanntesten Rollen auf der Leinwand.

1927 Schauspielerin Mary Pickford (1893–1979) albert während einer Drehpause mit zwei Kollegen herum. Als erster Star der Stummfilmzeit verdiente sich Pickford den Spitznamen »America's Sweetheart«.

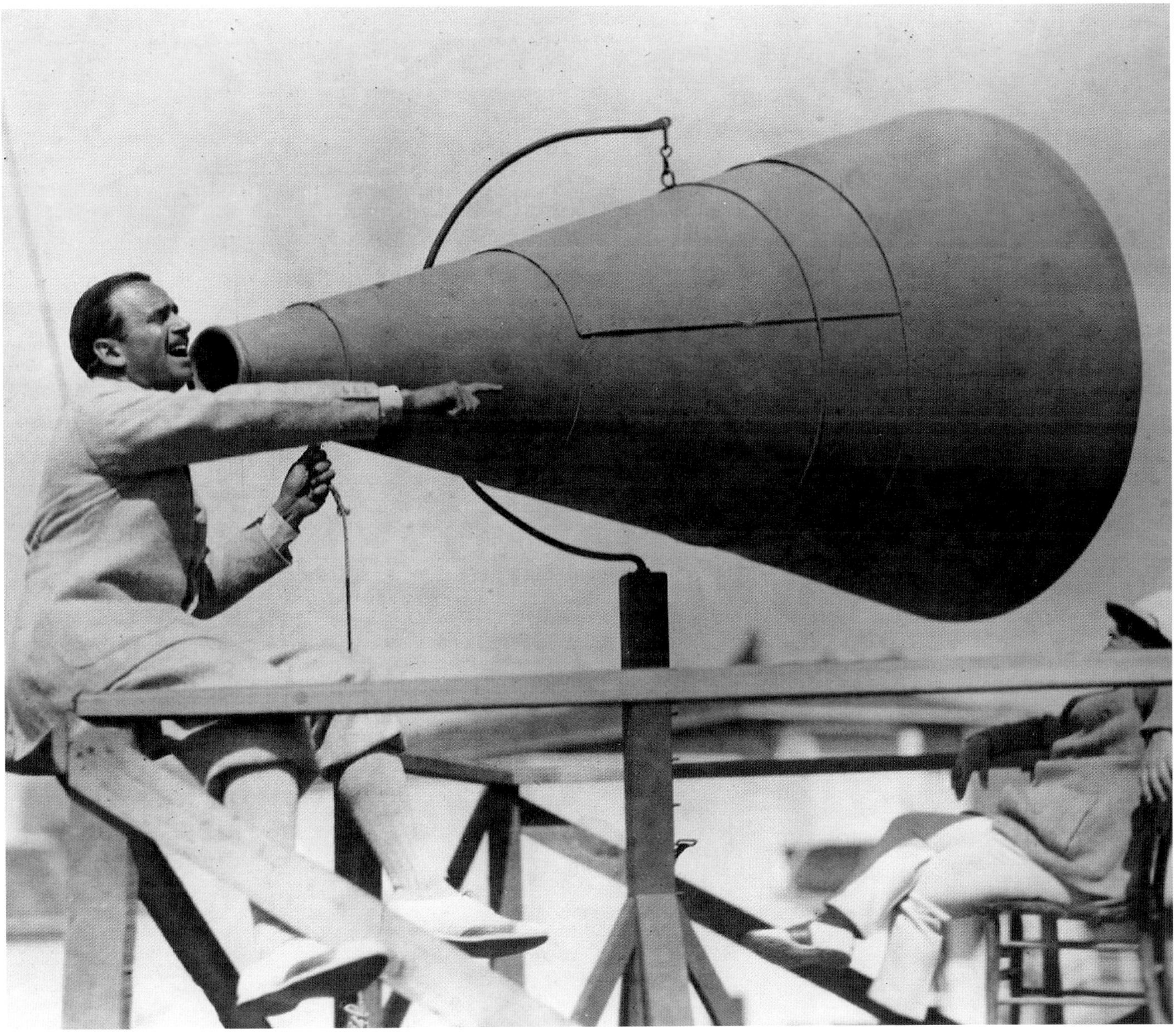

um 1927 Schauspieler Douglas Fairbanks, Sr. (1883–1939) setzt sich mit einem riesigen Megafon in Szene. Fairbanks wurde durch seine verwegenen Rollen in Filmen wie *Die Maske des Zorro, Die drei Musketiere* oder *Robin Hood* bekannt.

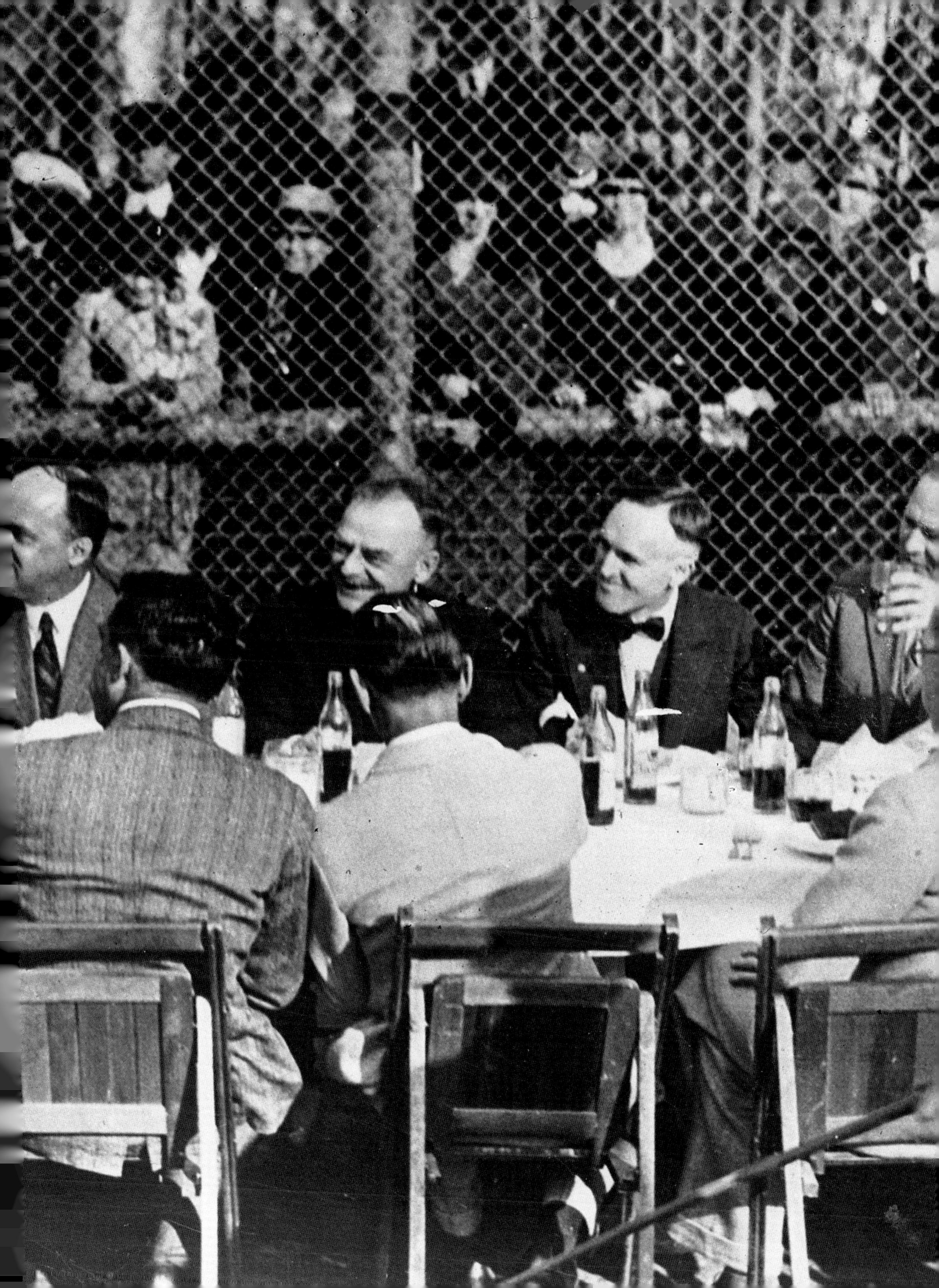

1926 Die Vergnügungssucht dieser Dekade nahm vielerlei Formen an. Diese Frau (*oben*) steht kurz vor einem Ausflug auf einer Straußenfarm in Pasadena (Kalifornien).

um 1925 Ein stolzer Angler (*rechts*) präsentiert einen gewaltigen Hummer aus den Gewässern vor Provincetown (Massachusetts). Dieser war 107 cm lang, wog 27 Pfund und wurde auf ein Alter von mehr als 50 Jahren geschätzt.

1925 Das Äffchen auf diesem Bild wurde als »Joe Mendi, der Gentleman-Schimpanse«, angekündigt (*links*). Hier steigt es aus einem Taxi, um im Bellevue Hospital von New York junge Patienten zu unterhalten.

1927 In den 20er Jahren schien kein Kunststück, kein Stunt zu ausgefallen. Diese Mitglieder des Los Angeles Adventurers Club (*vorige Seiten*) dinierten mit einem äußerst ungewöhnlichen Gast am Kopf der Tafel.

1921 Die erste US-Volkszählung wurde 1790 durchgeführt. Nach der 14. Zählung befand man 1920, dass die Mitte der Bevölkerung auf der Farm von Mr. und Mrs. Joseph Herrin in Whitehall (Indiana) lag. Stolz posieren sie mit dem Schild, das eine ansässige Kneipe gestiftet hatte.

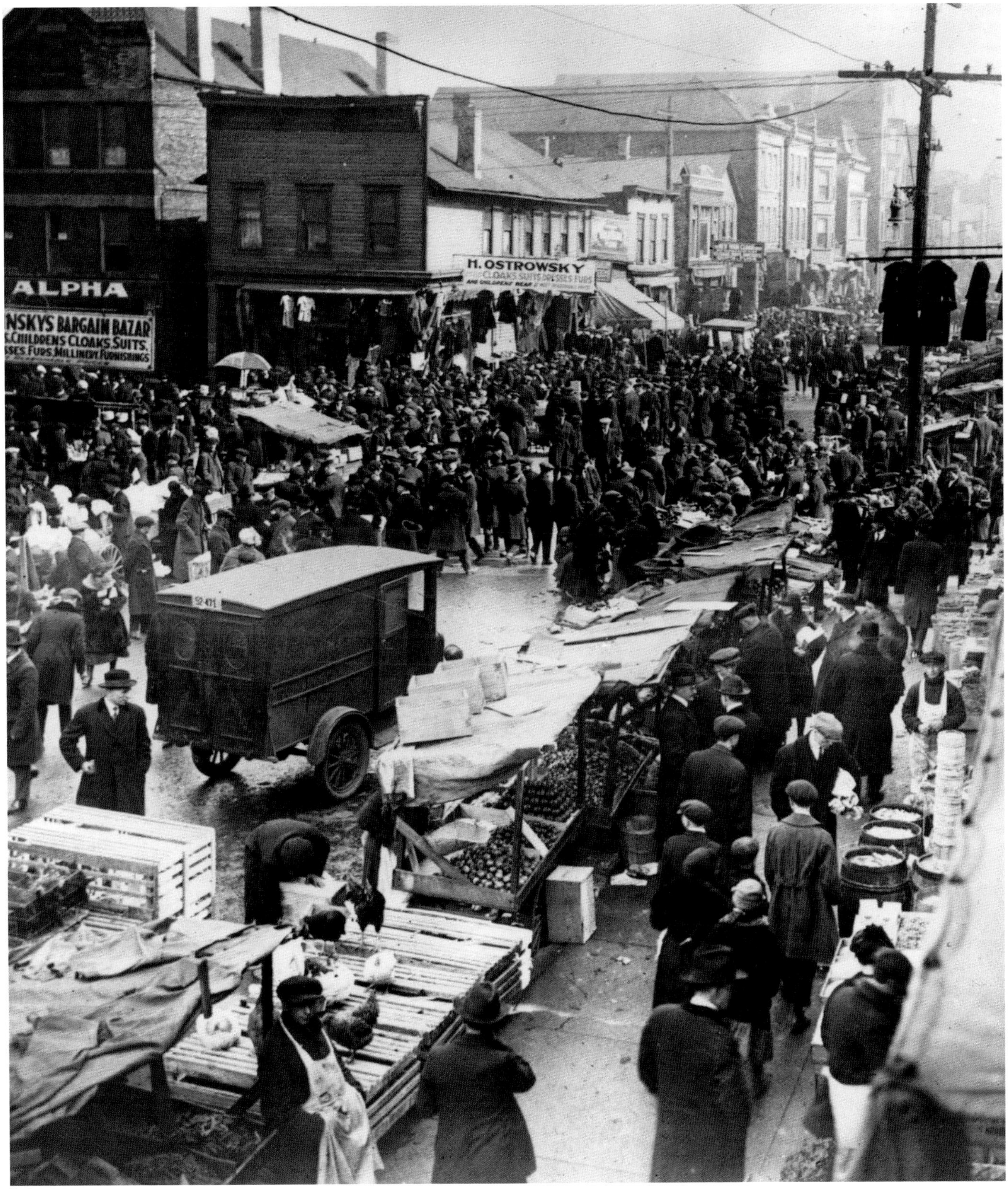

1925 Im Jahre 1925 bildete der Haymarket in Chicago noch eines der Zentren städtischer Aktivität. Ein bedeutender Wandel hatte jedoch stattgefunden: Lastwagen hatten die Pferde verdrängt, die einst das Bild dieser Gegend geprägt hatten.

1925 Dieses Bürogebäude an der Ecke von Market Street, O'Farrell Street und Great Avenue in San Francisco rühmte sich – da es am einen Ende knapp drei Meter maß und sich am anderen auf nur sechs Meter erweiterte – das schmalste Gebäude der Welt zu sein.

1925 Die Flut an neuen Automobilen brachte in den 20er Jahren nicht nur Freude und wachsende persönliche Freiheit, sondern auch eine alarmierende Zahl von Unfällen mit sich. Hier fand man einen dramatischen Weg, die schrecklichen Folgen gebrochener Verkehrsregeln zu verdeutlichen.

DRIVE SLOWLY & SEE OUR COMMUNITY · DRIVE FAST & SEE OUR JAIL
DRIVE CAREFULLY & HELP THE COMMUNITY TO CURB
"BROKEN LAWS"

1929 In den 20er Jahren entstand eine Vielzahl von technischen Meisterleistungen. Der Pacoima-Damm im San Fernando Valley von Kalifornien war seinerzeit der größte Staudamm der Welt.

1925 Ein Knüller jagt den nächsten: Vom Fahnenstangensitzen bis zum Drahtseilakt zwischen Hochhäusern – man versuchte beinahe alles, um Aufmerksamkeit zu erregen. Hier führt Charles Clark (*oben*) seine Glanzleistung vor: Kopfüber mit dem Kanu in den Hudson River.

um 1925 Elektrische Straßenbahnen waren im Jahr 1925 zwar noch in vielen Städten zu sehen, doch Autos begannen, sie zu verdrängen. Hier ein Blick (*unten*) auf Tampa (Florida) in der touristischen Hochsaison.

um 1920 Dieses stilisierte Porträt zeigt Edward Eslin Cummings (1894–1962), der seine Lyrik komplett in Kleinschreibung verfasste und auch mit »e.e. cummings« unterschrieb. Anfangs erregte Cummings' Dichtung allein durch die einzigartige Präsentationsweise Aufmerksamkeit, doch allmählich begann man sie auch wegen ihrer Inhalte zu schätzen.

um 1923 F. Scott Fitzgerald (1896–1940) (*oben*) war eines der Idole der »Wilden Zwanziger«, sein Buch *Der große Gatsby* gilt als die Hymne dieser Ära. Als sein erster Roman, *Diesseits vom Paradies*, das Jahrzehnt von Boom und Pleite verarbeitete, war Fitzgerald erst 24 Jahre alt. In den 30er Jahren ging Fitzgerald nach Hollywood, wo er mehrere Drehbücher schrieb.

1929 In einer Zeit großen kreativen Ausdrucks konnte sich nicht jeder als Künstler oder West-Village-Bohemian hervortun. Man konnte sich jedoch etwas einfallen lassen, um seine Freizeit aufregender zu gestalten. Diese Karten spielenden Frauen (*vorige Seiten*) haben es sich auf Eisblöcken gemütlich gemacht.

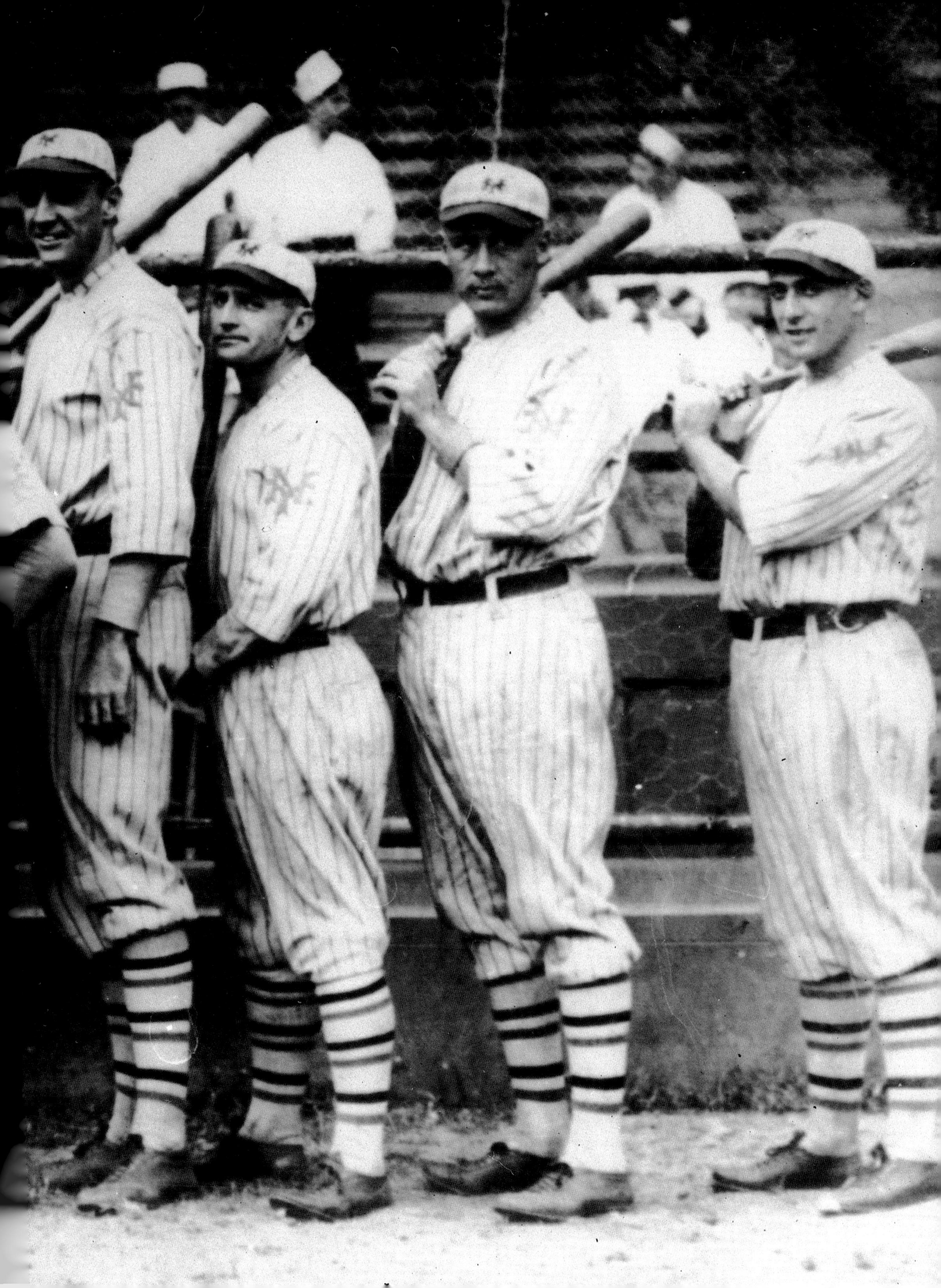

1926 Die 19-jährige Gertrude Ederle durchschwamm 1926 den Ärmelkanal nicht nur als erste Frau, sondern auch noch fast zwei Stunden schneller als alle Männer vor ihr. »Es musste getan werden, und ich hab's gemacht«, erklärte »unsere Trudy«, wie die Amerikaner sie liebevoll nannten.

um 1925 Baseball hatte sich in den 20er Jahren als Nationalsport etabliert. Auf diesem Foto *(vorige Seiten)* stellen sich einige Spieler der New York Giants in Positur.

1925 Dank der Mitwirkung solcher Größen wie Red Grange begann der Profi-Football in den 20er Jahren erwachsen zu werden. Hier präsentiert »Hinkey« Haines *(rechts)* von den New York Football Giants den letzten Schrei in Sachen Kopfschutzausrüstung.

1926 Ein sichtbares Zeichen des Fortschritts, den Frauen in den 20er Jahren machten, war ihre verstärkte Teilnahme am organisierten Sport. Diese jungen Damen in Kalifornien messen sich im Hürdenlauf.

1925 Die 20er Jahre waren eine Dekade der Rekordjagden – im Großen wie im Kleinen. Hier stellt Meisterhund Rambling Gold mit 3,65 Meter einen neuen Weltrekord im Hochsprung auf.

1920 Präsident Calvin Coolidge stellte 1925 fest: »Das Geschäft Amerikas ist das Geschäft.« Millionen seiner Landsleute dachten ebenso und spekulierten an der Börse *(folgende Seiten)*. Bis 1929 meist auch mit Erfolg.

12

1930-1939

1930 -1939

1930 Diese Yacht ist Teil einer der unglaublichsten Siegesserien in der Geschichte des Sports: Von der Einführung des America Cup im Jahre 1851 bis zum Sieg der *Australia II* 1983 über die Vereinigten Staaten wussten amerikanische Teams den Pokal 25-mal in Folge erfolgreich zu verteidigen.

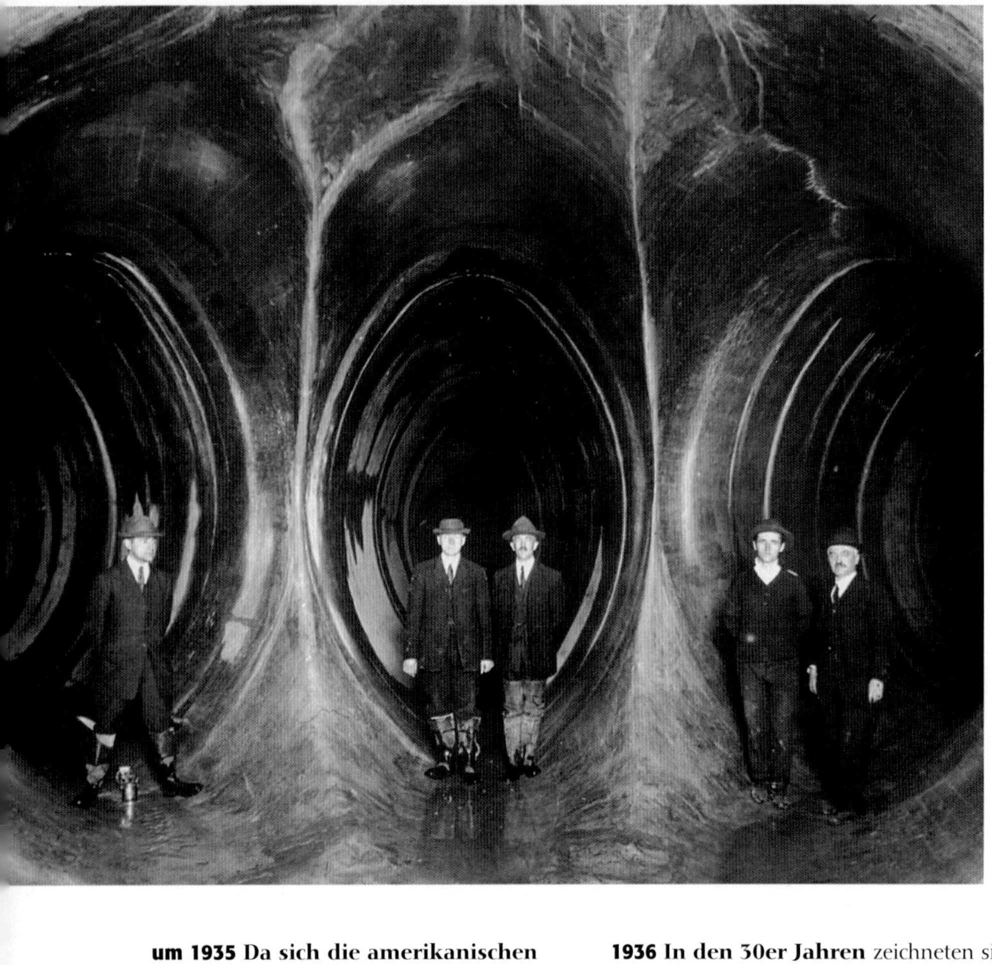

Es war das Jahrzehnt der Weltwirtschaftskrise. Im Weißen Haus entwickelte Präsident Roosevelt seinen New Deal, während die Amerikaner einmal mehr ihr unerschütterliches Gemüt im Angesicht großer Not demonstrieren mussten. Trotz der harten Zeiten gab es viel zu bestaunen – die Golden Gate Bridge, das Empire State Building, die Dämme der Tennessee Valley Authority, die Weltausstellung in New York.

Es war die letzte große Zeit der Ozeandampfer und der Beginn der kommerziellen Flugreisen. Und als Millionen im Kino Befreiung von ihren Sorgen suchten, schufen Hollywoodstudios das Starsystem. Schon bald waren Darsteller wie Clark Gable, Jean Harlow, Fred Astaire oder Greta Garbo zu festen Begriffen geworden.

um 1935 Da sich die amerikanischen Städte weiterhin ausdehnten, wurde die Entwicklung einer angemessenen Wasserversorgung zu einer der wichtigsten städtischen Herausforderungen. Diese Männer stehen an dem Punkt, an dem die drei unterirdischen Gänge des New Yorker Aquäduktes zusammenliefen.

1936 In den 30er Jahren zeichneten sich viele der Dieselzüge, welche die mit Dampf betriebenen Bahnen ersetzt hatten, durch luxuriöse Unterbringungsmöglichkeiten aus. Diese Fahrgäste entspannen sich im Gesellschaftsabteil *(vorige Seiten)* des Illinois Central-Zuges, der auch als »The Great Diamond« bekannt war.

1939 Ein seltenes, unretuschiertes Foto zeigt die Schauspielerin Joan Crawford mit Sommersprossen in ihrem Swimmingpool *(rechts)*. Crawford wurde durch den Film *Männerfang* über Nacht zum Star. 1945 gewann sie für ihre Darstellung in *Solange ein Herz schlägt* den Oscar für die beste Hauptdarstellerin.

1936 Roy Stryker war der Kopf eines Projektes, das im Auftrag der Farm Security Administration (FSA) der Regierung die Folgen der Weltwirtschaftskrise dokumentieren sollte. Stryker wies seine Fotografen an, nicht nur Bilder von Menschen in schwerer Zeit zu schießen, sondern auch vom normalen Alltagsleben. Er betrachtete das gigantische fotografische Projekt als eine Gelegenheit, »den Amerikanern Amerika vorzustellen«. Hier sehen wir Walker Evans' Aufnahme einer Fischbude bei Birmingham (Alabama).

1939 Dorothea Lange machte einige der unvergesslichsten aller FSA-Aufnahmen, so wie diesen Eckladen in Gordonton (North Carolina). »Ich brauchte meine Kamera«, sagte sie, »um die Dinge zu registrieren, die diesen Menschen wichtiger waren als ihre Armut – ihr Stolz, ihre Stärke, ihr Mut.«

1938 Die Arbeiten der FSA-Fotografen schilderten den unbeugsamen Geist stark beanspruchter Menschen in oft ausweglosen Situationen. Dieses Bild einer Cajun-Familie auf ihrer Farm bei Crowley (Louisiana) stammt von Walker Evans.

1939 »Die Kamera«, stellte Dorothea Lange fest, »ist ein Instrument, das den Menschen beibringt, wie man ohne eine Kamera sieht.« Auf diesem Bild von ihr sehen wir einen Offizier der Heilsarmee, der auf einer Versammlung in San Francisco ein Lied anstimmt.

um 1930 Der Börsencrash von 1929 hatte auch für die Millionen, die in den Städten lebten und arbeiteten, äußerst negative Auswirkungen. Als die Unternehmen kollabierten, fanden sich unzählige Büroangestellte ohne Job auf der Straße wieder. Hier ist eine große Menschenmenge zusammengeströmt, um sich eine offizielle Erklärung über Einzelheiten der letzten Hilfsmaßnahmen der Regierung anzuhören.

1930 Dieses Foto gab dem Begriff des »high tea«, mit dem die Amerikaner ein frühes Abendessen meinen, eine neue Bedeutung. Das von einem Kameramann der Keystone Photographic Company aufgenommene Bild zeigt Stahlarbeiter, die hoch über den Dächern von New York City von zwei Kellnern bedient werden.

um 1933 Zu den vielen Fortschritten, welche die Luftfahrt in den 30er Jahren machte, gehörte die Einführung des Tragschraubers, eines Vorläufers des Helikopters. Auf dem Foto sieht man den ersten Kabinen-Tragschrauber vor der Fassade des Rockefeller Centers von New York, welches sich zum Zeitpunkt der Aufnahme kurz vor seiner Fertigstellung befand *(rechts)*.

um 1937 Der gebürtige Australier Arthur Fellig, der als Fotograf das Pseudonym Weegee verwendete, wurde durch seine Aufnahmen der dunkleren Seiten des urbanen Lebens, vor allem durch seine rohe und spontane Dokumentation von Verbrechen und Katastrophen berühmt. Manchmal fing er jedoch auch simple Freuden ein – so wie diese Szene mit Anwohnern der Lower East Side in New York *(folgende Seiten)*.

um 1930 Bis in die 30er Jahre war der Sonntag als ein Tag der Ruhe, Entspannung und Familienaktivitäten eine feste Institution. Hier spielen Väter und ihre Söhne mit Miniatursegelbooten auf einem Teich im Central Park von New York.

um 1939 Diese packende Fotografie zeigt eine Tonnage von 358.274 t an Frachtschiffen und Ozeandampfern, die im Hafen von New York angelegt haben. Von unten nach oben: SS *Hamburg*, SS *Bremen*, SS *Columbus*, SS *De Grasse*, SS *Normandie*, SS *Britannic*, SS *Aquitania*, SS *Conte de Savoia*, SS *Fort Townsend* und die SS *Monarch*.

um 1930 Manchmal erreicht ein Bauwerk Wirkungen, die jenseits dessen liegen, was seine Architekten geplant hatten. Das Spiel des Lichtes durch die oberen Fenster von New Yorks Grand Central Station trug zur Freude der Reisenden wie der Fotografen sehr viel zur Schönheit des riesigen Gebäudes bei.

um 1936 Fiorello H. La Guardia, der sich auf diesem Foto von Weegee an das Geländer lehnt, wurde dreimal zum Bürgermeister von New York City gewählt. Der auch zärtlich »kleine Blume« genannte La Guardia war ein unermüdlicher Reformer, der das Gangstertum bekämpfte, eine Arbeitslosenhilfe initiierte und eine Menge sozialer Dienste einrichtete.

um 1930 In ihrem ständigen Kampf gegen den städtischen Verkehrsstau genehmigten die Stadtbeamten nicht nur die Errichtung von Brücken, sondern billigten auch den Bau von Tunneln. Diese Luxuslimousine und der Lieferwagen brausen durch den 2.819 Meter langen Holland-Tunnel, der New York und New Jersey verbindet.

um 1935 Es war unbestritten, dass Bauten wie der Holland-Tunnel den Verkehr in größeren Städten einfacher als zuvor gestalteten. Doch bei derart vielen Autos auf der Straße waren die Tunnel weit davon entfernt, die Verkehrsprobleme zu lösen. Dies ist eine Szene vor der Einfahrt zum Holland-Tunnel – einmal abgesehen von den moderneren Autos, kein großer Unterschied zu einer typischen Rushhour heute!

um 1935 Mitte der 30er Jahre war die National Cash Register Company – mittlerweile eine als NCR bekannte und viele Milliarden Dollar schwere Firma für Informationstechnologie – einer der größten Arbeitgeber der Nation. Dies ist der firmeneigene Speisesaal der Angestellten, in dem Hunderte von Arbeitern ihre Mahlzeiten gemeinsam an unfassbar langen Tischen einnahmen, eine Szene, die an ein Kloster erinnert.

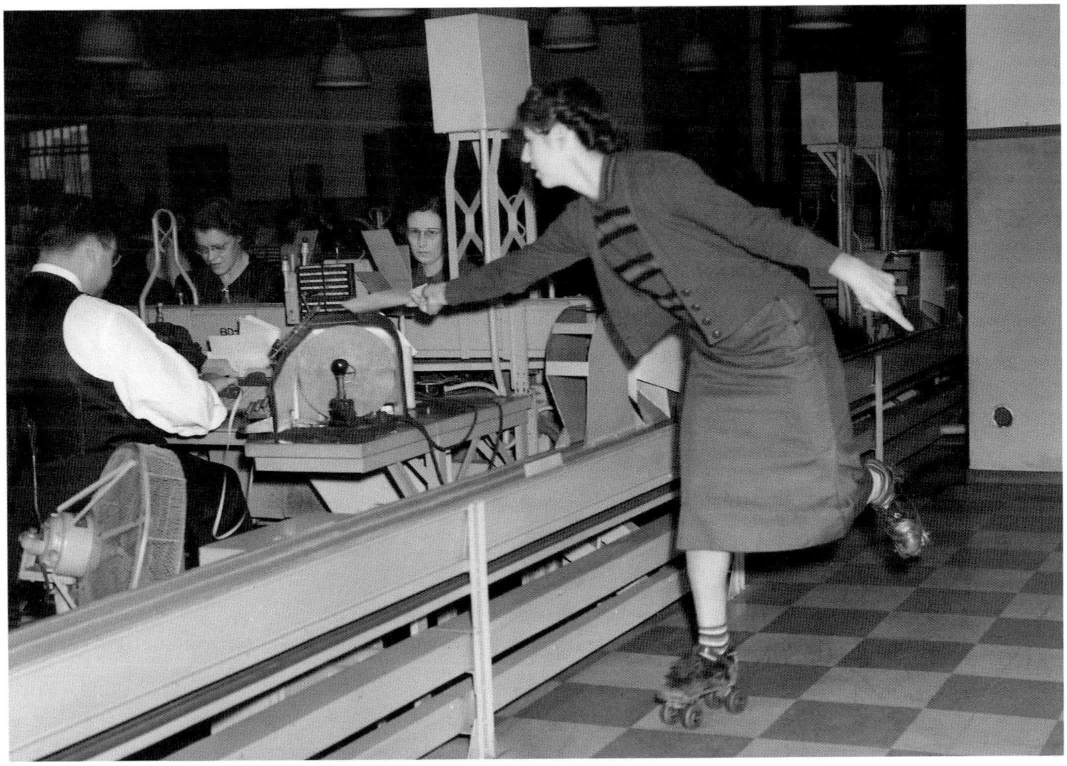

um 1938 Um mit einer reduzierten Arbeiterschaft zurechtzukommen, suchten die Unternehmen nach Wegen, Arbeitsgänge effizienter zu gestalten. Diese New Yorker Stahlkabelfirma wollte Zeit sparen, indem sie ihre Büroboten auf Rollschuhe stellte.

1933 Der Angler im Klamath River von Kalifornien ist Herbert Hoover (1874–1964), der gerade seine Aufgabe als 31. Präsident der USA beendet hat. Obwohl man Hoovers Regierung allgemein die Schuld für die schlechte Bewältigung der Weltwirtschaftskrise zuwies, halfen ihm die verschiedenen humanitären Tätigkeiten, denen er sich nach dem Ende seiner Amtszeit widmete, ein gewisses Maß seiner Reputation wiederzuerlangen.

um 1935 Obwohl die Prohibition 1933 aufgehoben und der Verkauf von Alkohol in Spirituosenhandlungen, Bars und Restaurants wieder legal wurde, waren noch unzählige versteckte Privatbrennereien in Betrieb. Diese heimlichen Bierbrauer waren bereit, das Risiko eines Schnappschusses mit der Kamera auf sich zu nehmen.

um 1933 In den 30er Jahren war Kalifornien zu einem der weltweit führenden Lieferanten von landwirtschaftlichen Erzeugnissen geworden. Diese junge Frau posiert vergnügt bei einem Tauchgang in Walnüssen, die zu den wertvollsten Anbauprodukten des südlichen Kalifornien gehörten.

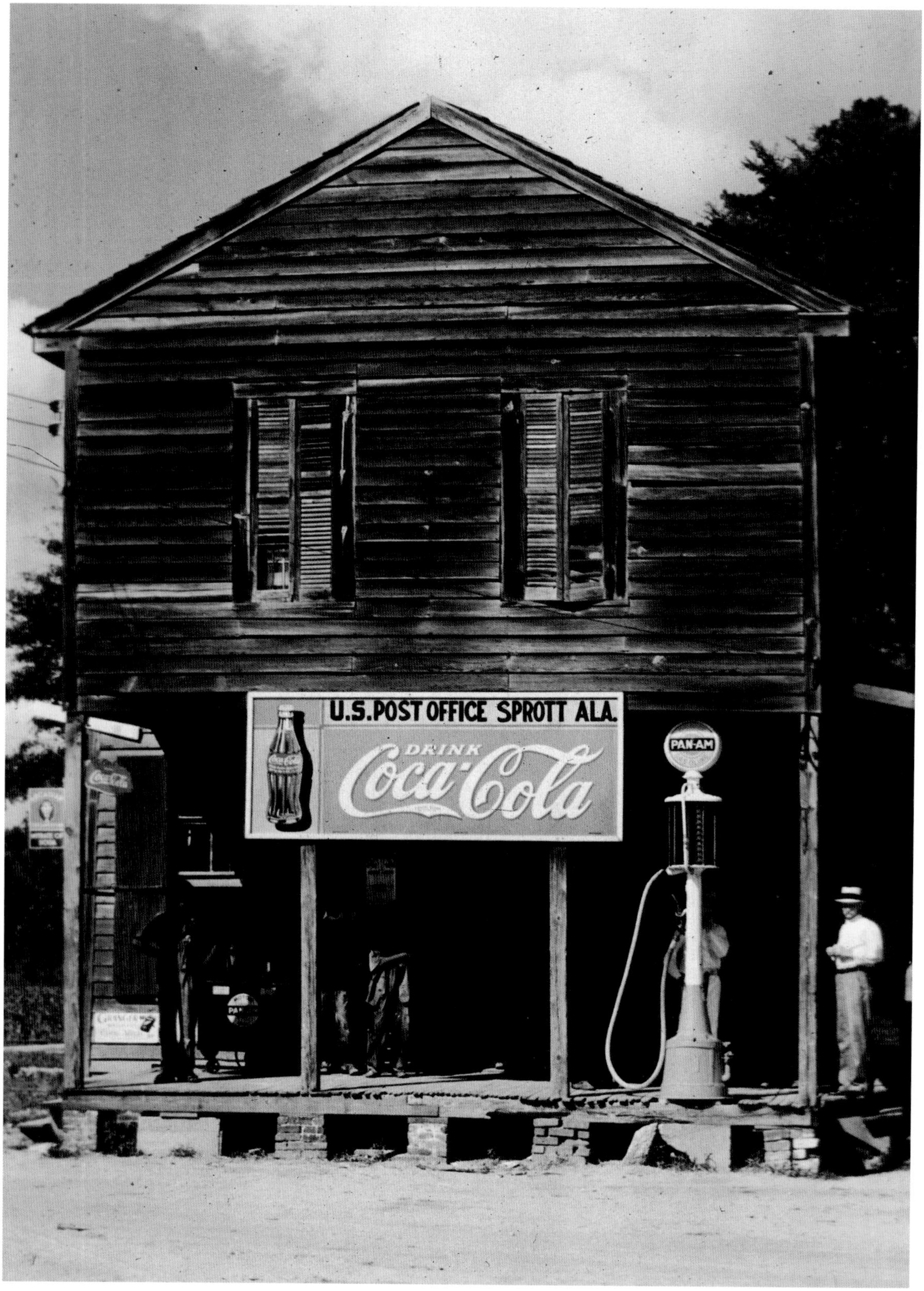

1936 In vielen amerikanischen Städten waren während der 30er Jahre funkelnagelneue Postämter gebaut worden. In ländlichen Gebieten befanden sich viele dieser Dienststellen jedoch noch in kleinen Gemischtwarenläden. Dieses US-Postamt in Sprott (Alabama) fotografierte Walker Evans.

1936 »Walker Evans«, schrieb ein Fotohistoriker, »war ein absolutes Genie darin, Menschlichkeit auf Bildern darzustellen, die keine Menschen zeigen.« Dies ist Evans' Aufnahme der Hütte eines Farmarbeiters in Hale County (Alabama).

1933 Der Civilian Conservation Corps verschaffte in seiner neunjährigen Existenz mehr als 2,5 Millionen jungen Männern eine Arbeit. CCC-Arbeiter pflanzten über 200 Millionen Bäume an, hoben unzählige Dränagegräben und Fischteiche aus, bauten Reservoirs und erfüllten zahllose andere Aufgaben zum Wohle des Volkes (*oben*).

um 1936 Die Works Public Administration (WPA) war das bis dahin ehrgeizigste Hilfsprogramm der Regierung. WPA-Arbeiter (*unten*) errichteten Tausende von Straßen, Schulen, Spielplätzen und mehr. Von der WPA angestellte Künstler, Schriftsteller, Schauspieler und Dramatiker sorgten für eine kreative Renaissance.

1933 Eine der ersten Reformen, die die Regierung Franklin Roosevelt durchführte, war die Einrichtung der Tennessee Valley Administration (TVA), eines staatlichen Unternehmens, das die stromlosen Gebiete des Südens mit Elektrizität versorgte. Auf dem Bild beginnen TVA-Bauarbeiter mit der Errichtung eines Staudamms (*rechts*).

U.S.
T.V.A.
12

NE SHIRLEY
IN
ATTERBOX
PHILLIPS HOLMES
EDWARD ELLIS · ERIK RHODES
MARGARET HAMILTON
Paramount
THEATRE
STARTING
FRIDAY
MAR
20
CARL LAEM

5M 237
19 CALIFORNIA 36
Goodrich
Silvertown

1930 Die für dieses Bild posierenden Kinder gehörten zu den beliebtesten Hollywood-Persönlichkeiten der 30er Jahre. Sie waren die Stars der »Kleinen Strolche«-Filme (*links*).

1935 Die 30er Jahre waren die große Zeit der Filmkomödie. Hier zu sehen sind vier heißgeliebte Komödianten, die Marx Brothers (*oben*). Von links nach rechts: Harpo (1893–1961), Zeppo (1901–1979), Groucho (1895–1977) und Chico (1891–1961).

um 1930 Stan Laurel (1890–1965) und Oliver Hardy (1892–1957) waren mit ihrer genialen Komik die großen Rivalen der Marx Brothers. Hier erholt sich das Duo in einer Drehpause (*unten*) von der Darstellung eines Pferdes.

1938 Auf diesem Bild sind einige namhafte Unterhaltungskünstler der 30er Jahre versammelt (*oben*). Von links nach rechts: Komiker Jack Benny (1902–1988), Schauspieler und Sänger Dick Powell (1904–1963), Komiker Ken Murray (1903–1988), Sänger und Schauspieler Bing Crosby (1904–1977), Bandleader Tommy Dorsey und Schauspielerin Shirley Ross (1913–1975).

um 1933 Johnny Weissmuller (1904–1984) war olympischer Schwimmstar, bevor er in seiner Filmrolle als Tarzan (*links*) weltberühmt wurde. Der junge Bursche neben ihm ist Jackie Cooper, einer der fähigsten Kinderdarsteller der 30er Jahre.

um 1935 Gut 35 Millionen Amerikaner schalteten in den 30er Jahren Abend für Abend ihr Radio ein. Bei dem Mann, der auf diesem Foto seine Arme in die Luft wirft, handelt es sich um Orson Welles (*rechts*), der große Erfolge im Radio feierte und zudem einer der größten Schauspieler und Theater- und Filmregisseure aller Zeiten wurde.

1939 Nie zuvor hatten Kinogänger einen Film von solchen Ausmaßen wie *Vom Winde verweht* gesehen. Mit dem nach dem epischen Bürgerkriegsroman von Margaret Mitchell entstandenen Streifen wurde Clark Gable (1901–1950) in Hollywood zum Superstar. In dieser Szene schließt Gable Vivien Leigh (1913–1967) in die Arme, die für ihre Rolle als Scarlett O'Hara den Oscar gewann.

1936 Der erste Film mit Fred Astaire in der Hauptrolle wurde ein solcher Kassenerfolg, dass sein Studio seine Beine sogleich für mehrere Millionen Dollar versicherte. Astaire (1899–1987) tanzte mit einer ganzen Reihe von Filmpartnerinnen, doch seine erfolgreichste Zusammenarbeit entstand mit Ginger Rogers (1911–1995). Hier sind sie in einer Szene aus dem Film *Swing Time* zu sehen.

1939 Der beliebteste Film der 30er Jahre war zweifellos *Der Zauberer von Oz*. In dem Film, längst ein Kinoklassiker, der Millionen Amerikaner bei der alljährlichen Wiederholung im Fernsehen erfreut, spielten Judy Garland, Jack Haley, Burt Lahr, Ray Bolger und Margaret Hamilton die Hauptrollen. Dieses »Still« zeigt Hamilton als Böse Hexe des Westens, Bolger als Vogelscheuche und Garland (1922–1969) als Dorothy.

1936 Sprintstar Jesse Owens (*folgende Seiten*) überquert die Ziellinie und gewinnt bei den Olympischen Spielen 1936 in Berlin das Rennen über 100 Meter und damit eine von insgesamt vier Goldmedaillen, die er bei diesem Turnier errang. Der Anblick eines Afroamerikaners, der die deutschen Athleten ausstach, hat den Nationalsozialisten wohl keine große Freude gemacht.

1936 Howard Hughes (1905–1976) *(oben, mit Hut)* war einer der faszinierendsten Menschen seiner Zeit. Der Gründer der Hughes Aircraft Company brach 1935 mit über 566 km/h den Geschwindigkeitsrekord für Flugzeuge. Der eingefleischte Unternehmer tat sich aber auch als Flugzeugkonstrukteur und Filmproduzent hervor. Als einer der reichsten Männer der Welt wurde er gleichermaßen durch seine Exzentrik wie seinen einsiedlerischen Lebensstil berühmt.

um 1939 In den 30er Jahren wurden im ganzen Land historische Bauwerke durch ihre Bestimmung zu »National Monuments«, also nationalen Denkmälern, vor dem Verfall bewahrt. Dieses Gebäude in Yorktown (New York) war das älteste Zollhaus in den Vereinigten Staaten.

um 1933 Diese von Henry Dreyfus entworfene und von der American Locomotive Company gebaute »Hudson«-Dampflokomotive *(rechts)* des New York Central System war ein glänzendes Symbol für das Zeitalter der stromlinienförmigen Eisenbahn.

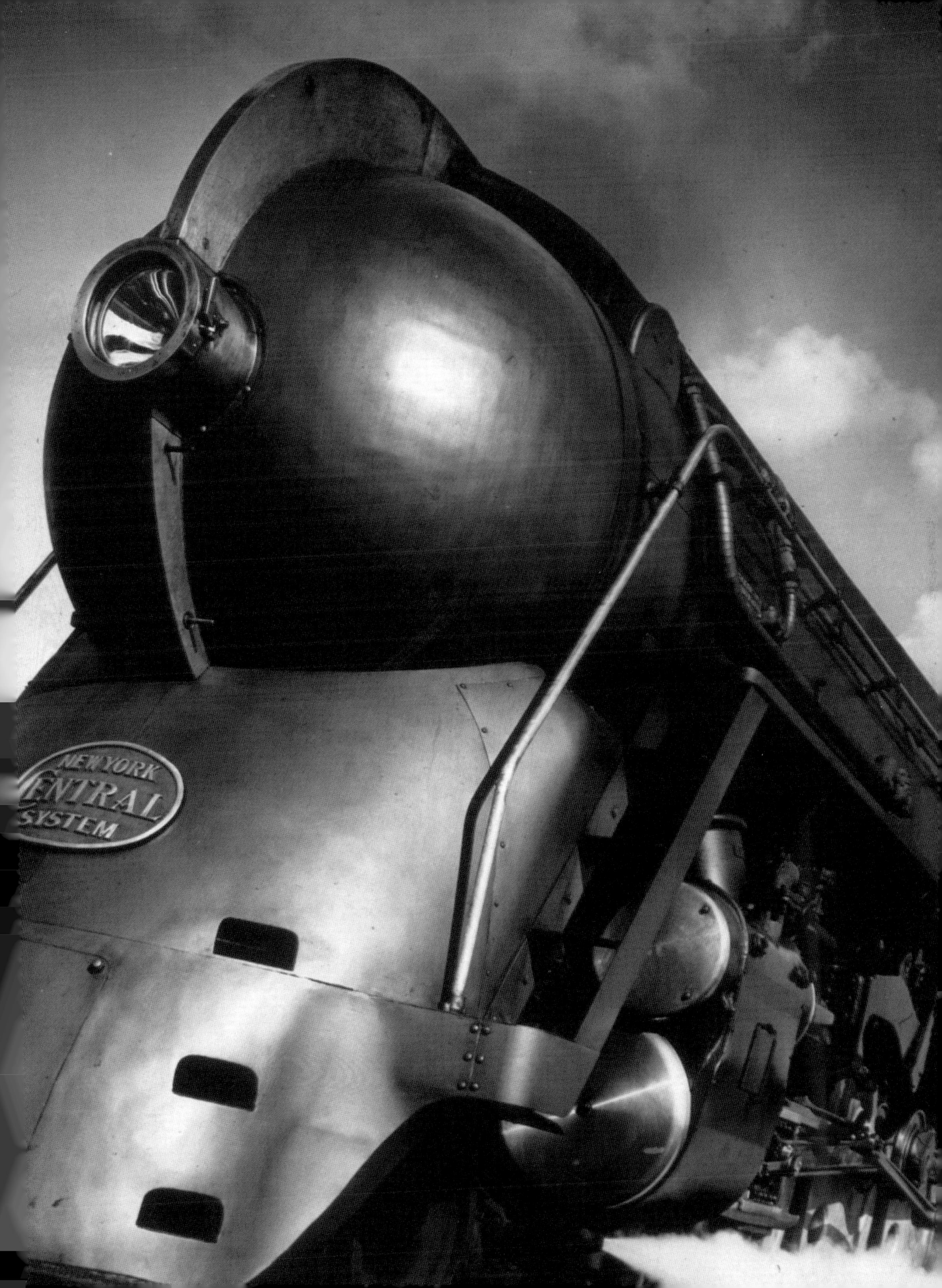
NEW YORK
ENTRAL
SYSTEM

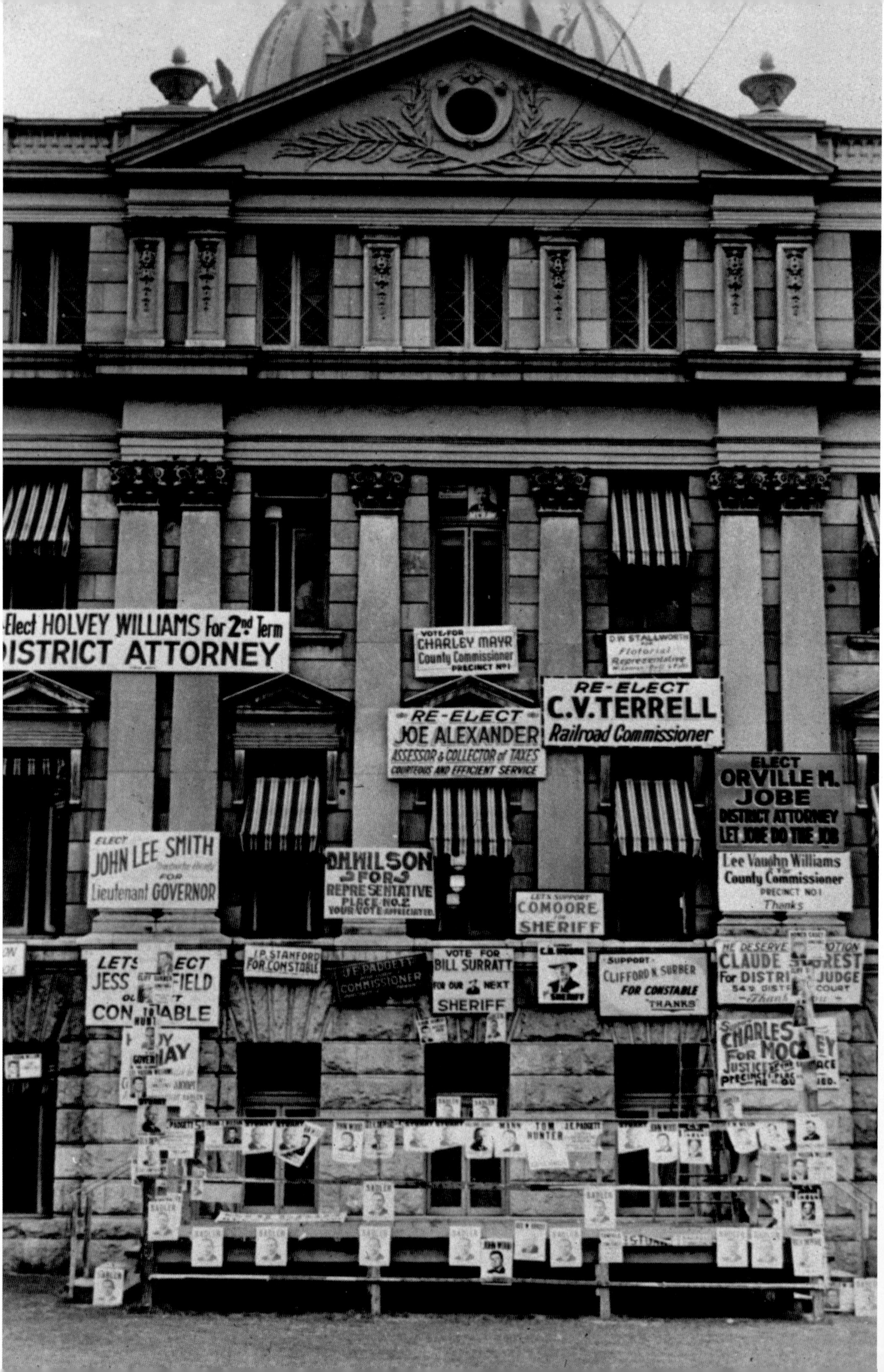
-Elect HOLVEY WILLIAMS For 2nd Term
ISTRICT ATTORNEY
VOTE FOR CHARLEY MAYR County Commissioner PRECINCT No1
D.W. STALLWORTH
Flotorial Representative
RE-ELECT C.V. TERRELL Railroad Commissioner
RE-ELECT JOE ALEXANDER ASSESSOR & COLLECTOR of TAXES COURTEOUS AND EFFICIENT SERVICE
ELECT ORVILLE M. JOBE DISTRICT ATTORNEY LET JOE DO THE JOB
ELECT JOHN LEE SMITH FOR Lieutenant GOVERNOR
D.M. WILSON FOR REPRESENTATIVE PLACE NO.2 YOUR VOTE APPRECIATED
LET'S SUPPORT C.O. MOORE FOR SHERIFF
Lee Vaughn Williams County Commissioner PRECINCT NO1 Thanks
J.P. STANFORD FOR CONSTABLE
J.E. PADGETT COMMISSIONER
VOTE FOR BILL SURRATT FOR OUR NEXT SHERIFF
Support CLIFFORD N. SURBER FOR CONSTABLE "THANKS"
TOM HUNTER
J.E. PADGETT
SADLER

um 1933 Mehr als 4,8 Millionen Autos wurden um 1930 jährlich hergestellt – rein rechnerisch ein Wagen für jeden sechsten Amerikaner. Entsprechend prägten sie nahezu jedes berühmte Straßenbild, hier die Pennsylvania Avenue in Washington D.C. (*oben*).

1939 Der elegante junge Mann zur Rechten ist John F. Kennedy (1917–1963) im Alter von 22 Jahren (*rechts*). 1960 wurde Kennedy als jüngster Kandidat aller Zeiten zum Präsidenten der Vereinigten Staaten gewählt.

1938 Politik und Amerika sind unzertrennliche Begriffe. Dies ist das McLennon-Bezirksgerichtshaus in Waco (Texas) – während der innerparteilichen Vorwahlen (*links*).

um 1930 Amerikaner hatten stets eine intensive Beziehung zu ihrer Vergangenheit. Auf diesem Foto (*vorige Seiten*) sehen wir einige der mehr als 100 Teilnehmer an einem Fahrrad-Oldtimer-Rennen, das in Montebello (Kalifornien) stattfand. Das Alter einiger Vehikel reichte bis ins Jahr 1816 zurück.

1930 Gerade wegen der harten Zeiten suchte man im Alltag der 20er und 30er Jahre humorvolle Entspannung. Diese Kalifornierinnen erlangten ihre »15 Minuten Ruhm« durch einen furchtlosen Ritt auf Eisblöcken.

WASHING
GREASING

1938 Amerika mochte sich in der Weltwirtschaftskrise befinden, doch für viele der Superreichen änderte sich das Leben nur marginal. Auf diesem Bild besucht die Millionenerbin und Modeschöpferin Gloria Vanderbilt (*rechts im Bild*) mit ihrer Tante Gertrude Payne Whitney eine Party.

um 1930 Der New Yorker Stadtteil Harlem blieb auch in den 30er Jahren das Zentrum der schwarzen Gesellschaft und ihres kulturellen Lebens. Hier eine Szene aus einer Teestube in Harlem.

1939 Marion Post Wolcott war eine der überzeugendsten Fotografinnen, die während der Ära der Weltwirtschaftskrise für die Farm Security Administration (FSA) das Leben in Amerika abbildeten. Diese Aufnahme eines Jitterbug tanzenden Paares gelang ihr in einem »juke joint«, einer Art Tanzschuppen, in Clarksdale (Mississippi).

1933 Cole Porter (1891–1964) gilt als einer der genialsten Komponisten und Texter Amerikas *(links)*. Zu seinen besten Filmmusicals zählten *Zum Tanzen geboren* (1936) und *High Society* (1956), nicht minder bekannt waren seine erfolgreichen Bühnenshows *Anything Goes* (1934), *Kiss Me Kate* (1948) oder *Silk Stockings* (1955).

um 1935 Der amerikanische Jazzmusiker und Bandleader Cab Calloway (1907–1997). In einem Jahrzehnt, das den Aufstieg der Bigbands nahen sah, wurde Calloway mit seinem hinreißend swingenden Blues *(rechts)* zu einem der populärsten Unterhaltungskünstler.

RIOLE BATHS
STEAM ROOMS & SHOWERS
Famous
FROZEN DESSERT
plechase
The Funny Place
POKER

1940-1949

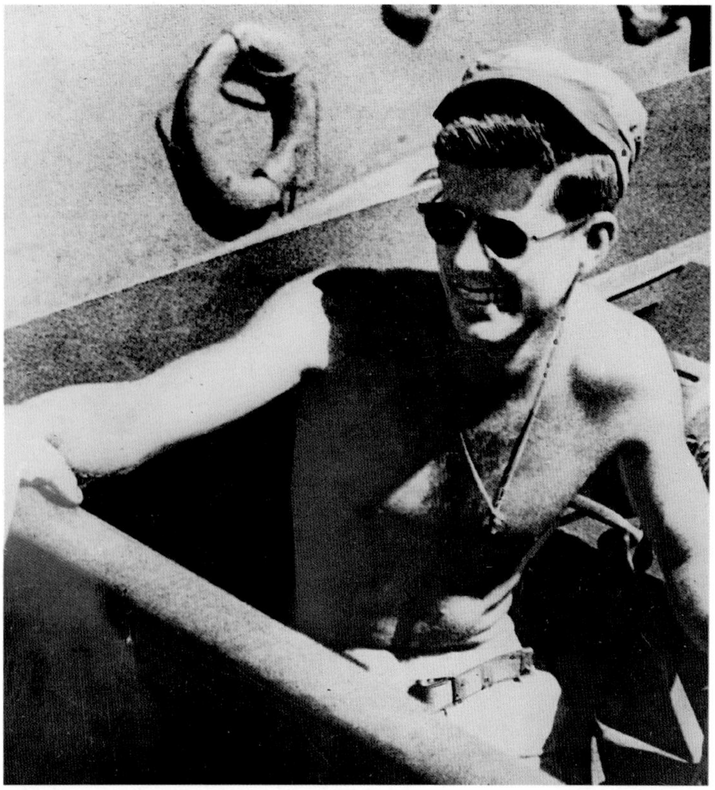

1940 -1949

um 1943 Der Zweite Weltkrieg brachte zahllose amerikanische Helden hervor, die nach dessen Ende meist wieder zum Alltag zurückkehrten. Dieser junge Mann, der für seine Heldentaten als Kommandeur eines Torpedobootes ausgezeichnet wurde, erklomm freilich neue Höhen. Es ist John F. Kennedy, der später der 35. Präsident der Vereinigten Staaten werden sollte.

Als die Nation in den ersten wirklich globalen Konflikt verwickelt wurde, sprangen die Amerikaner daheim zur Unterstützung der Truppen ein. Sie kauften Kriegsanleihen, ertrugen Rationierungen und verwandelten das Land in ein Waffenarsenal der Demokratie – derart viele Schiffe, Flugzeuge, Panzer und Waffen waren noch niemals für die Streitkräfte hergestellt worden.

Joe DiMaggio schlug eine 56er Serie und Babe Ruth sagte seinen Fans ein trauriges Lebewohl. Jackie Robinson durchbrach die Rassentrennung im Baseball und Chuck Yeager über den Wolken die Schallmauer. Nach dem Krieg ermöglichte ein spezielles G.I.-Gesetz Hunderttausenden heimgekehrter Soldaten ein Studium, und die ersten 19 Millionen »Baby-Boomer« wurden geboren.

1946 Nach den langen, traumatischen Jahren des Zweiten Weltkriegs konnten die New Yorker den Vergnügungspark von Coney Island wieder unbeschwert genießen, wie hier am Wochenende zum Tag der Arbeit (*vorige Seiten*).

1940 Nach der Machtergreifung Hitlers verließ Albert Einstein Deutschland und übernahm eine Stellung an der Princeton University. Hier legt der brillante Physiker mit Sekretärin (links) und Tochter den Eid für die US-Staatsangehörigkeit ab (*oben*).

um 1945 Die afroamerikanische Sängerin Dorothy Dandridge (*rechts*) war auch eine begnadete Schauspielerin. Ebenso wie Lena Horne und anderen schwarzen Filmstars blieben ihr Hauptrollen jedoch aufgrund ihrer Hautfarbe versagt.

1949 Die 1945 als Nachfolger des Völkerbunds eingerichteten Vereinten Nationen haben auf dem Gebiet der Flüchtlings-, Katastrophen- und Entwicklungshilfe Hervorragendes geleistet. Am 27. Oktober 1949 versammelte sich eine große Menschenmenge, um der Grundsteinlegung des UN-Gebäudes in New York beizuwohnen.

1942 Ein Blick auf die Gebäude entlang der Avenue of the Americas (*rechts*) in Midtown New York. Aufgrund des Krieges ging es auf den Straßen weit weniger hektisch zu als in normalen Zeiten.

RADIO CITY

1943 Viele amerikanische Städte, die später einmal sehr bedeutend werden sollten, waren in der Mitte der 40er Jahre noch weit von diesem Status entfernt. Hier sehen wir einen Obststand, der an ein Haus in Houston (Texas) angebaut wurde.

1942 Die meisten amerikanischen Drugstores besaßen in den 40er Jahren noch Erfrischungsbars. Diese hier befand sich in Washington D.C.

1945 Die stolzen Gesichtszüge der ersten Amerikaner sind stets ein Lieblingsmotiv der Fotografen gewesen. Dieser amerikanische Ureinwohner trägt die traditionelle Festtagskleidung seiner Vorfahren.

1940 Die erste Handwerkskultur Amerikas war die der Ureinwohner. Auf dem Bild üben junge Indianer vom Volk der Paiute die kunstvolle Verarbeitung von Perlen.

MEIN KAMPF
RANDOM HOUSE
WHO LEAD LABOR
ANDRE MALRAUX
SELECTED WORKS
WORKER'S LIFE

um 1940 Der Romanautor Richard Wright (1908–1960) kam auf einer Plantage in Natchez (Mississippi) zur Welt. Unter der Schirmherrschaft der Works Public Administration (WPA) begeisterte er mit *Uncle Tom's Children* (1938), einer Sammlung von Kurzgeschichten, und seinem Roman *Native Son* (1940) die Literaturszene. Mit seinem weitgehend autobiografischen *Black Boy* konnte er seine Reputation 1945 noch steigern. Wrights Erfolg inspirierte andere schwarze Autoren wie Ralph Waldo Ellison oder James Baldwin.

1943 Die United Negro Improvement Association war 1914 von Marcus Garvey gegründet worden. Auch nach seinem Tod im Jahre 1940 gewannen seine Ideen viele Anhänger. Dieses Foto eines schwarzen Bürgerrechtlers entstand vor den New Yorker Büros der UNIA.

um 1945 New Yorks Coney Island zeichnete sich in den 40er Jahren nicht nur durch unzählige Möglichkeiten aus, sich zu vergnügen, sondern auch durch einen der beliebtesten (und überlaufensten) Badestrände des Landes.

1943 Ein Matrose auf Landgang genießt einen freien Abend im O'Reilly's, einem irisch-amerikanischen Restaurant in New York. Die drei Sterne auf der kleinen Flagge deuten darauf hin, dass drei Angestellte des Lokals zur Armee gehörten.

SERVING
OUR COUNTRY

1944 Das Tätowieren ist eine Seefahrer-Tradition, die auch in der US-Marine von Anfang an praktiziert wurde. Diese jungen Matrosen gehörten zur Besatzung des Flugzeugträgers SS *New Jersey*.

1944 Im Zweiten Weltkrieg sorgten Organisationen der Streitkräfte im ganzen Land dafür, dass GIs auf Heimaturlaub die benötigte Erholung und Entspannung erhielten. Hier demonstrieren ein Soldat und seine Partnerin ihre Geschicklichkeit beim Jitterbug.

OPERATIO

1945 Das Ende des Zweiten Weltkriegs war in Sicht, als sich die Führer der Alliierten im Februar in Jalta auf der Krim trafen, um Vereinbarungen für die Zeit nach dem Krieg zu treffen. Von links nach rechts sitzend: der britische Premierminister Winston Churchill (1874–1965), der amerikanische Präsident Franklin Delano Roosevelt (1882–1945) und der sowjetische Staatspräsident Josef Stalin (1879–1953).

1945 Die größte Feier zu Kriegszeiten hob man sich für die Kapitulation Japans auf, die den Krieg beendete. Es gab jedoch schon zuvor eine landesweite Demonstration der Freude: Als sich Deutschland am 8. Mai 1945, dem »V-E Day«, ergab, waren die Kämpfe in Europa vorbei.

1945 Die Schlagzeile der Zeitung und das lippenstiftverschmierte Gesicht des Soldaten sprechen für sich. Wir schreiben den 15. August 1945 – die Japaner haben soeben kapituliert, der Zweite Weltkrieg ist beendet.

EXTRA

1948 In dieser Dixieland-Band spielten einige der berühmtesten Jazzgrößen aller Zeiten. Der Trompeter ist Louis Armstrong (1900–1971), der Pianist Earl »Fatha« Hines (1905–1983) und an der Posaune sehen wir den legendären Jack Teagarden (1905–1964).

um 1940 **Louis Daniel Armstrong** (1901–1971) zählt zu den populärsten Musikern in der Geschichte des Jazz. »Satchmo«, wie der Trompeter, Kornettist und Sänger liebevoll genannt wurde, spielte bereits mit 13 Jahren in den Klubs, Bars sowie auf den Flussbooten von New Orleans. Seine Popularität verhalf ihm zu Gastrollen in mehreren Filmen.

um 1949 Der vielseitige Sammy Davis jr. (1925–1996). Der überaus talentierte Tänzer, Sänger, Imitator und Schauspieler machte durch seine vielen Fernsehauftritte und die Rollen in den »Rat Pack«-Filmen mit Frank Sinatra auf sich aufmerksam.

1942 Duke Ellington war nicht nur ein hervorragender Jazzpianist, sondern auch ein ebenso brillanter Komponist und Arrangeur. Zu seinen Hitkompositionen zählen »Mood Indigo«, »Sophisticated Lady« und »Black and Tan Fantasy«.

um 1945 **In den 40ern** kam es in der Kunst zum Aufstieg des abstrakten Expressionismus. Neben einem seiner Werke sehen wir hier den amerikanischen Künstler Willem de Kooning (1904–1997). Der gebürtige Holländer war gemeinsam mit Jackson Pollock und Arshile Gorky einer der Hauptvertreter des Action Painting.

um 1947 **Amerikaner haben** stets jede Gelegenheit für Prachtumzüge und Jubelfeiern beim Schopfe ergriffen. Hier sehen wir die Königin des Apfelfestivals mitsamt ihrem Gefolge auf der Big-Apple-Parade in Ohio (*folgende Seiten*).

QUEEN

1944 Ernest Hemingway (1899–1961) hatte mit seinem knappen Schreibstil und der Thematik seiner Werke – der Mensch bewahrt seine Würde angesichts widriger Umstände – tief gehenden Einfluss auf Generationen amerikanischer Schriftsteller. Werke wie »Schnee am Kilimandscharo« (1938) und »Die Killer« (1927) gehören zu den meistbewunderten Kurzgeschichten in englischer Sprache.

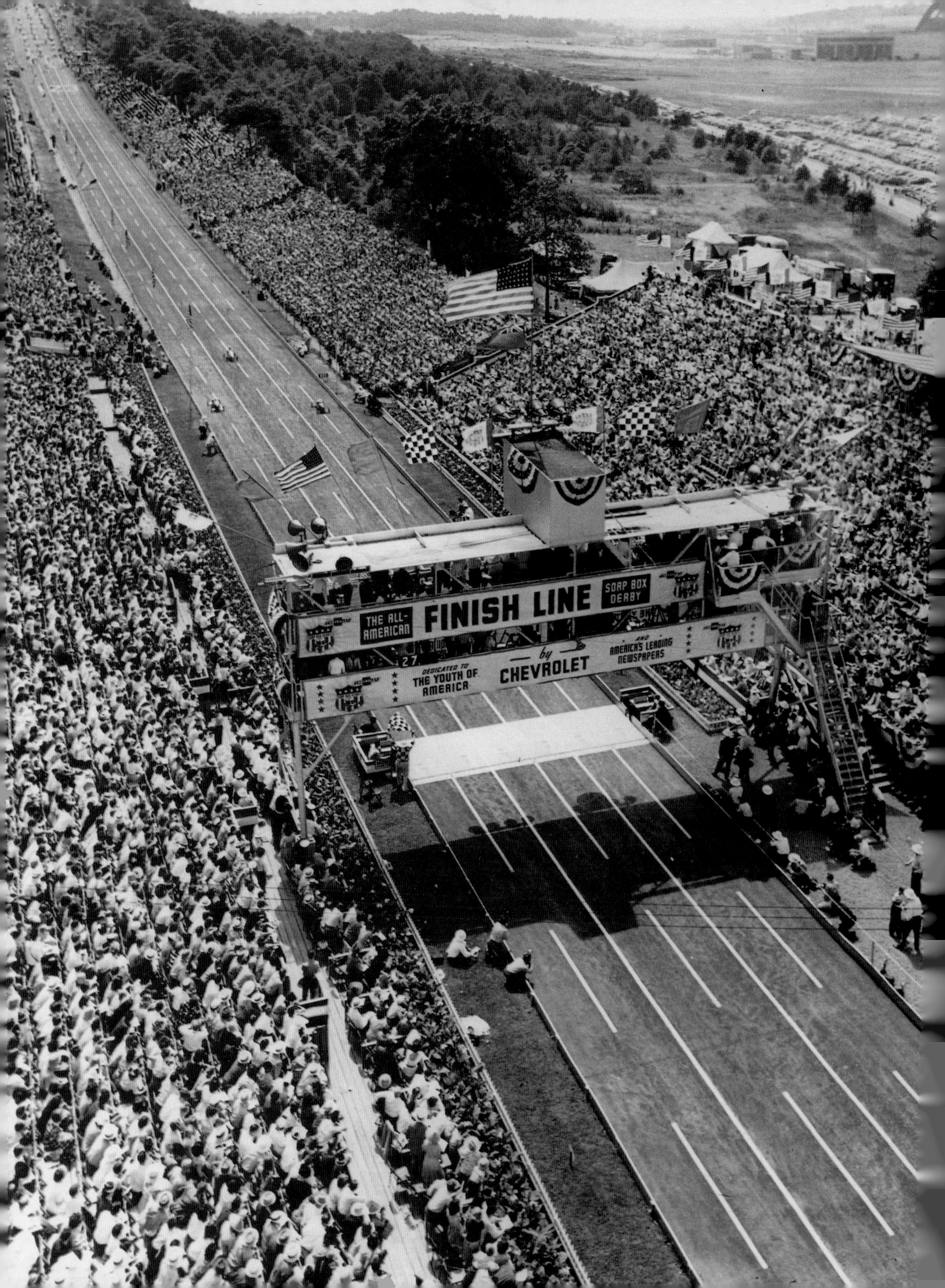
FINISH LINE
THE ALL-AMERICAN
SOAP BOX DERBY
by CHEVROLET
AND AMERICA'S LEADING NEWSPAPERS
DEDICATED TO THE YOUTH OF AMERICA

1941 On the road. Zwei Mitglieder eines Motorradklubs lassen sich auf dem Mohawk Trail in den Berkshires, einer Gebirgsregion in New England, fotografieren (*oben*).

1947 Der Mann zur Linken ist Captain Charles Yeager (1923–). Das Foto (*rechts*) entstand am 14. Oktober 1947, dem Tag, als Yeager als erster Mensch die Schallmauer durchbrach. Sechs Jahre später stellte er mit zweieinhalbfacher Schallgeschwindigkeit einen weiteren Rekord auf.

1948 Das Seifenkistenrennen von Akron (Ohio), in dem vorwiegend junge Teilnehmer in selbstgemachten Wagen um die Wette fahren, ist zu einem alljährlichen Spektakel geworden. Hier (*links*) ein Blick aus der Vogelperspektive auf die 75.000 Zuschauer, die dem elften Rennen beiwohnten.

1948 Auf dieser Fotografie, die den Pulitzerpreis gewann, sagt der von Krankheit gezeichnete Babe Ruth seinen Fans im Yankee-Stadion Lebewohl und erhält stehende Ovationen. Die Trikotnummer des legendären Baseballspielers, die »3«, wurde nie mehr vergeben.

1943 Millionen amerikanischer Frauen ersetzten während des Zweiten Weltkriegs in den Fabriken die an der Front kämpfenden Männer. Die beiden Schweißerinnen gehörten zur Belegschaft der Bethlehem-Fairfield-Schiffswerft in Baltimore (Maryland).

1947 Die Welt der Wissenschaft. Bei einer Studie der Westinghouse Electric Corporation in Pittsburgh über die Auswirkungen von Blitzen trifft ein künstlich erzeugter Stromschlag mit drei Millionen Volt auf das Dach eines stahlüberzogenen Autos – der im Innenraum sitzende Mitarbeiter bleibt unverletzt.

1942 Die Winter auf der amerikanischen Prärie konfrontierte die Menschen mit den gleichen Herausforderungen, mit denen auch schon die abgehärteten Pioniere, die den Westen als Erste besiedelten, zu kämpfen hatten. Hier überprüft ein junger Mann in Morton County (North Dakota) seinen Briefkasten (*oben*).

1941 Die Männer auf den Stegen (*unten*) haben sich eine Lebensweise bewahrt, die schon vor Hunderten von Jahren bei ihren Vorfahren üblich war. Es sind amerikanische Ureinwohner, die bei den Celilo-Fällen am Columbia River in Oregon nach Lachs fischen.

1943 Im Zweiten Weltkrieg war Benzin als kriegswichtiger Rohstoff strikt rationiert. Da er Sprit sparen musste, verkürzten sich damit für diesen Lastwagenfahrer (*rechts*) sowohl die Fahrtstrecken als auch die Arbeitszeiten.

OMMERCIAL
ARRIERS Inc.
750 x 20
.4500
1910
P.S.C-L-3942 - P.U.C.O.4624-IX
P.S.C.I. 250-A

1940 Viele der frühesten Siedlungen im amerikanischen Südwesten wurden aus einer »Adobe« genannten Mischung aus luftgetrocknetem Lehm und Stroh gebaut. Hier renovieren Arbeiter ein Haus in Chamizal (New Mexico).

1949 Für das Kino waren die 40er Jahre ein »goldenes Zeitalter«. Gut 500 Filme wurden Jahr für Jahr abgedreht und mehr als 80 Millionen Eintrittskarten pro Woche verkauft. Hier (*oben*) entspannen sich Harpo und Chico Marx, zwei der Marx Brothers, in einer Drehpause von *Die Marx Brothers im Theater*. Es war der letzte Film mit allen vier Brüdern.

um 1946 Milton Berle und Ethel Merman kaspern während einer Varieté-Show der 40er Jahre herum (*links*). Berle sollte einer der beliebtesten Darsteller des frühen Fernsehens werden, während Merman als Star des Musicaltheaters am Broadway eine glänzende Karriere machte.

1947 Bob Hope (1903–) begann seine Laufbahn im Radio und auf der Bühne (*rechts*). Er tauchte in vielen Filmen auf, darunter auch in den sieben »Road«-Streifen, in denen er gemeinsam mit Bing Crosby und Dorothy Lamour die Hauptrolle spielte. Während des Zweiten Weltkriegs reiste Hope um die halbe Welt, um amerikanische Truppen bei Laune zu halten.

um 1942 Die Filmindustrie wurde immer größer und die Marketing-Manager Hollywoods waren in erster Linie damit beschäftigt, den unersättlichen Appetit der Leute auf Neuigkeiten und Bilder von ihren Lieblingsstars zu befriedigen. Hier sehen wir einen Schnappschuss von John Wayne, der sich mit seinen Kindern die Comics aus der Zeitung ansieht.

1941 James Cagney (1899–1986) war der vielleicht vielseitigste aller großen Hollywoodstars. Nach seiner Zeit im Varieté wandte er sich der Bühne in New York zu, bevor er dann durch seine zahlreichen Rollen in Gangsterfilmen berühmt wurde. Während des Krieges riss der talentierte Sänger und Tänzer das Publikum in dem patriotischen Film *Yankee Doodle Dandy* mit. 1981 kehrte Cagney nach 20 Jahren noch einmal zum Film zurück und übernahm eine kleine Rolle in *Ragtime*.

1942 Manche Filme haben die Phantasie des Publikums derart beschäftigt, dass sie zu Kultklassikern wurden, die heute noch mindestens so verehrt werden wie zur Zeit ihrer Premiere. Der wohl größte Klassiker von allen ist und bleibt jedoch *Casablanca* mit Humphrey Bogart (1899–1957) und Ingrid Bergman (1915–1982) in den Hauptrollen.

1946 Auf körperliche Fitness legte man nach dem Zweiten Weltkrieg immer mehr Wert, wobei die rigorosen Trainingsprogramme, denen sich Soldaten unterziehen mussten, als Anregung dienten. Dieses Paar stellte seine physischen und akrobatischen Fertigkeiten an dem passenderweise Muscle Beach genannten Strand in Kalifornien zur Schau.

1947 In den späten 40er Jahren hatten sich sowohl das Fotomagazin als auch die Werbefotografie fest etabliert. Hier sehen wir Modeaufnahmen im Central Park von New York.

1948 Das verheiratete Komikerduo George Burns (1896–1996) und Gracie Allen (1902–1964) stand in den 40er Jahren an der Spitze der Radiocharts (*oben*). Burns trat noch auf, als er die 90 weit überschritten hatte.

um 1947 Frank Sinatra begleitet seine Kollegin, das Leinwandidol Ava Gardner (1922–1990), zu einer Filmpremiere und liefert den Film- und Klatschmagazinen Hollywoods damit »heißes« Material für die nächsten Ausgaben (*rechts*). Das Paar heiratete im Jahre 1948, wurde aber 1957 wieder geschieden.

1946 Rita Hayworth (1918–1987) war einer der temperamentvollsten Stars Hollywoods (*links*). Hier sehen wir das Lieblings-»Pinup« der amerikanischen Soldaten im Zweiten Weltkrieg in einer Szene aus dem Film *Gilda*.

LAW OFFICE
SYLVIA SWEETS
TEA ROOM
LUNCH WITH US
SCHOOL ST.
ONE WAY
SYLVIA

GEO E WAINWRIGHT
LAW OFFICE
GEO E WAINWRIGHT
LAW OFFICE
LAW OFFICE
LUNCHEON - DINNER
FOUNTAIN SERVICE
FULL CO
30¢
60¢

um 1940 Die FSA-Fotografen reisten kreuz und quer durch alle Landesteile, um ihre Bilddokumentation von Amerika zusammenzustellen. Dieses Bild (*vorige Seiten*) wurde an einer Straßenecke in Lowell (Massachusetts) aufgenommen.

1947 Marlon Brando (1924–) umarmt Kim Hunter in einer Broadway-Aufführung von Tennessee Williams' Drama *Endstation Sehnsucht*. Brando sollte später für seine Auftritte in *Die Faust im Nacken* (1954) und *Der Pate* (1972) zwei Oscars gewinnen. Bei der Schauspielerin zur Rechten handelt es sich um Jessica Tandy, die gemeinsam mit ihrem Mann Hume Cronyn noch eine lange und hervorragende Bühnen- und Filmkarriere vor sich hatte.

1949 Elizabeth Taylor (1932–) begann als Kinderdarstellerin in Filmen wie *Heimweh* (1942) oder *Kleines Mädchen, großes Herz* (1944) und wurde sowohl durch ihre große Schönheit als auch ihr schauspielerisches Talent bekannt. Für ihre Darstellungen in *Telefon Butterfield 8* (1960) und *Wer hat Angst vor Virginia Woolf?* (1966) gewann sie jeweils einen Oscar.

um 1946 In der letzten Dekade vor dem Siegeszug des Fernsehens zog das Radio die größten Stars an. Auf diesem Bild haben Frank Sinatra (1915–1998) und Jack Benny bei der Lektüre ihres Textes im Tonstudio offensichtlich eine Menge Spaß (*folgende Seiten*).

1950-1959

1950 -1959

um 1953 Als immer mehr Autos die Straßen bevölkerten, begannen die Highschools Programme zur Fahrerschulung anzubieten. Diese Studenten aus Kalifornien bereiteten sich durch Übungen an einer Apparatur namens Drivotrainer auf den Highway vor.

In den 20ern hatte Präsident Calvin Coolidge festgestellt, dass »das Geschäft von Amerika das Geschäftemachen ist.« Ähnliches galt für die 50er Jahre – doch nun waren viele Geschäfte Gesellschaften, und sie wurden immer größer. Es war das Jahrzehnt des »Mannes im grauen Flanell« und der täglichen Vorstadt-Pendler.

Amerikaner lernten die Kleinwagen, die ersten Computer, den lebensrettenden Polio-Impfstoff und eine Musik namens Rock 'n' Roll kennen. Die Politik der »getrennten, aber gleichen« Schulen wurde abgeschafft und wichtige Bürgerrechtsgesetze eingeführt. Filmstars wie James Dean und Marilyn Monroe wurden immer bedeutender. Und eine ganz neue Form der Massenunterhaltung schlug das Land in Bann: das Fernsehen.

um 1950 Als Millionen GIs aus dem Zweiten Weltkrieg heimkehrten, entstand akuter Bedarf an preiswertem Wohnraum. Bauunternehmer wie William Levitt definierten die Vorstadt neu (*vorige Seiten*), indem sie Tausende ähnlich aussehender Häuser aneinanderreihten.

1952 Dwight David Eisenhower (1890–1969) und seine Frau Mamie feiern »Ikes« Wahl zum 34. Präsidenten der Vereinigten Staaten. Eisenhower war der erste Präsident, der eine verfassungsmäßig begrenzte Amtszeit absolvierte.

um 1955 Mit seinen Rollen in *Jenseits von Eden* (1955) und *Denn sie wissen nicht, was sie tun* (1955) schlug James Dean (1931–1955) bei Jugendlichen wie ein Meteor ein und wurde als Symbol der Rebellion verehrt. Er starb bei einem Autounfall, doch seine Ausstrahlung blieb wie bei Presley und Monroe lange über seinen Tod hinaus bestehen.

4

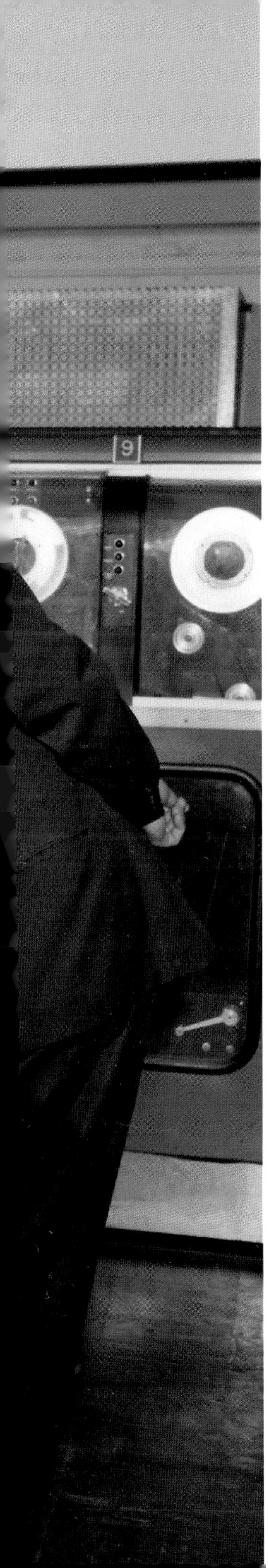

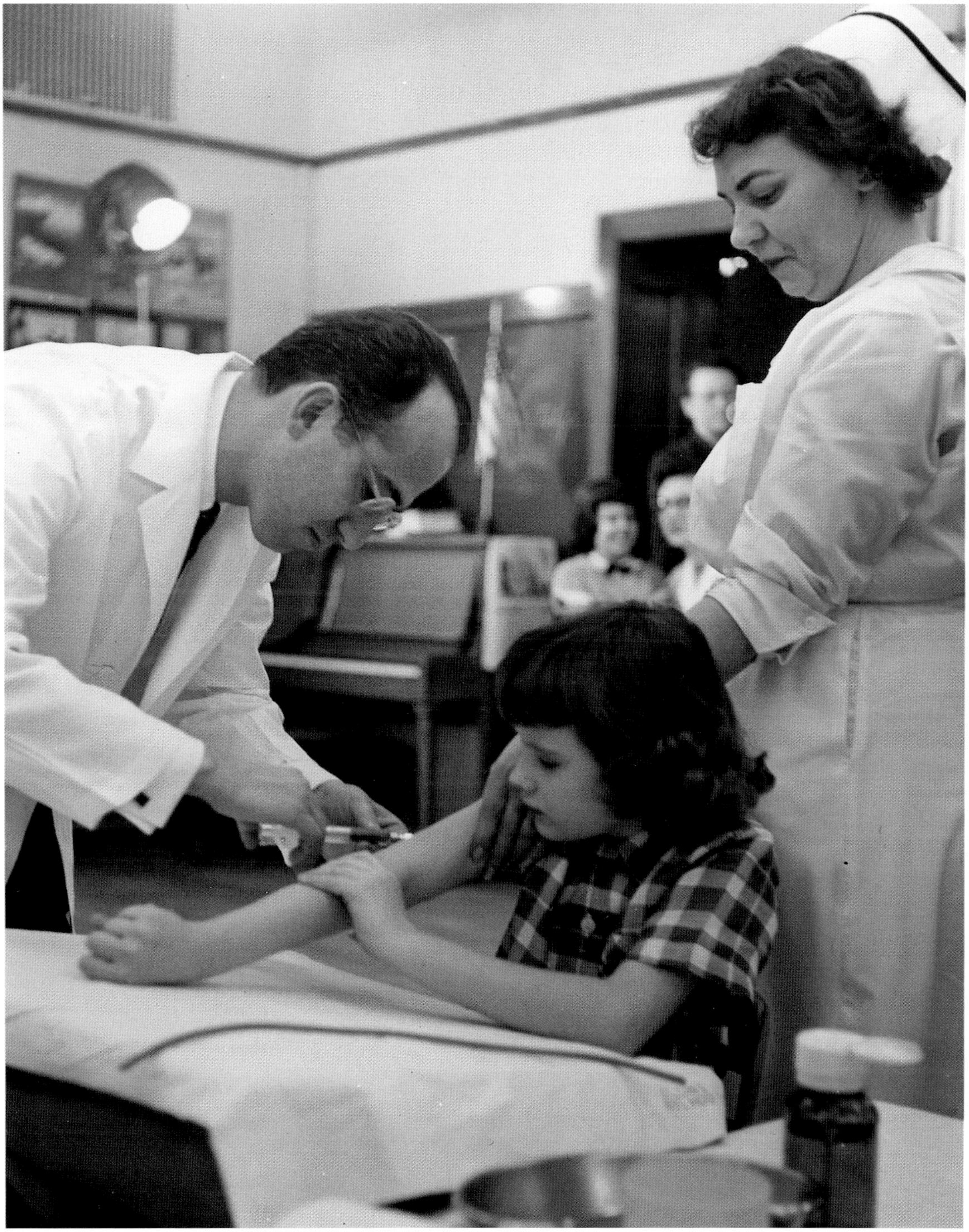

um 1955 In den späten 40ern und frühen 50ern lebte Amerika in Furcht vor der Kinderlähmung. Der von Dr. Jonas Salk (1914–1995) entwickelte vorbeugende Impfstoff wurde 1954 auf breiter Basis eingeführt und rottete die tödliche Krankheit fast aus. Hier impft Salk soeben ein junges Mädchen.

um 1952 Diese drei Männer leiteten ein neues Zeitalter ein. Bei der wohnzimmergroßen Maschine, die sie bedienen, handelt es sich um den Univac, den Vorläufer der Computer von heute.

OLY
DRI
ENT
4R1 492

MPIC
E-IN
ANCE

um 1955 Es war das Jahrzehnt der Geburt von Fernsehen und Computer, doch zugleich waren viele amerikanische Haushalte noch ohne Kühlschrank. Hier macht ein Eislieferant seine Runde.

1958 Die Farbfotografie erreichte in den 50er Jahren ihre volle Blüte, und Ernst Haas zählte zu den anerkanntesten aller Farbfotografen. Hier porträtierte er einen Brezelverkäufer in New Yorks Greenwich Village.

1951 In den 50ern entdeckten Millionen von Amerikanern das Autokino (*vorige Seiten*), wo sie im Komfort ihrer eigenen Wagen Filme genießen konnten. Für Teenager bedeutete es eine willkommene Gelegenheit für romantische Rendezvous fern von neugierigen Blicken.

5¢
5¢

um 1955 Es war das Jahrzehnt des Big Business, der Explosion der Vororte – und des Pendelverkehrs. Hier eine Szene, die sich täglich überall in Amerika wiederholte: Vorstadt-Ehemänner in grauen Anzügen und Filzhüten klettern in den Morgenzug zu ihren Büros in der Innenstadt.

1952 Millionen amerikanischer Frauen waren in den 50er Jahren in überall auftauchenden Büros beschäftigt. Weibliche Führungskräfte waren zwar noch Ausnahmeerscheinungen, aber ein Anfang war zumindest gemacht.

EATS

um 1950 Viele Dinge begannen sich in den 50er Jahren zu ändern, doch der Drehorgelspieler blieb ein vertrauter Anblick auf den Straßen der Stadt. Hier tanzt ein junges Mädchen zu seiner Musik (*oben*).

1953 Ein begabter Fotograf kann auch banalste Ereignisse in markante Bilder umsetzen. Diese Szene eines auf einer Hochzeit zwanglos tanzenden Pärchens fing Harry Lapow am Strand von New Yorks Coney Island (*rechts*) ein.

1950 Etliche große Fotoagenturen wie Worldwide Photos überschwemmten in den 50er Jahren Zeitungen und Zeitschriften im ganzen Land mit Zehntausenden von Bildern. Harmlose Nettigkeiten wie dieses typische Alltagsmotiv (*links*) wurden immer gern genommen.

um 1955 Boccia entstand vor vielen Jahrhunderten in Südeuropa und erreichte die USA mit den Einwanderern. Diese Männer spielen im North Italian Recreation Center, einem Freizeitzentrum in Brooklyn.

um 1952 Es war ein konservatives Jahrzehnt, besaß aber durchaus noch seine komischen Momente. Hier verfolgt eine Gruppe von Kids entzückt eine Frau, die mit ihrem zahmen Lama durch New York spaziert.

um 1950 Weegee wurde durch seine dramatischen Schwarzweißbilder von Verbrechensopfern und Feuersbrünsten in New York City bekannt, doch war er auch ein Meister der Farbfotografie. Dies ist seine Impression vom New Yorker Stadtteil »Little Italy« bei Nacht.

um 1955 Die Fotografien von Ernst Haas inspirierten viele künftige Meister der Farbfotografie, darunter Joel Meyerowitz und Jay Maisel. Auf diesem Foto verwandelte Haas eine gewöhnliche New Yorker Straßenszene in ein Bild von anmutiger Schönheit.

246

1952 Ein einsamer U-Bahn-Fahrgast, versunken in Gedanken, kehrt als Motiv von Künstlern und Fotografen häufig wieder. Diese Frau fuhr in New York City mit der U-Bahn.

um 1955 Amerikaner waren immer in ihre Autos vernarrt, und preisgekrönte Exemplare wurden gern zur Schau gestellt. Hier ein Treffen wahrer Enthusiasten, allesamt Besitzer eines Chevrolet Corvette.

1957 Gregory Peck (1916–) entspannt sich zwischen zwei Einstellungen zu William Wylers Film *Weites Land (oben)*. Sein markant-sympathisches Aussehen, die klangvolle Stimme und seine oft heroischen Rollen machten Peck zum Inbegriff des Hollywood-Hauptdarstellers. Zu seinen Filmen zählen *Duell in der Sonne* (1946), *Tabu der Gerechten* (1947) und *Wer die Nachtigall stört* (1962), für den er einen Oscar gewann.

um 1957 Gene Kelly (1912–1996) war einer der beliebtesten Filmstars (*links*). Der Sänger, Schauspieler, Regisseur, Choreograf und Tänzer trat in einer ganzen Reihe von MGM-Musicals auf. Seine Tanznummern in Filmen wie *Heut' gehn wir bummeln* (1949), *Ein Amerikaner in Paris* (1951) oder *Singin' in the Rain* (1952) sind Klassiker geworden.

um 1955 Filmstar Esther Williams posiert für den Fotografen Slim Aarons in ihrem Swimmingpool (*rechts*). Die ehemalige Schwimmsport-Meisterin kraulte anmutig durch zahlreiche Filmmusicals.

um 1955 Die Fotografen konnten niemals genug Bilder von Marilyn Monroe bekommen. Auch wenn sie einfach nur bei ihrem Haus nahe Hollywood am Strand herumtollte, wurde schnell ein Fototermin daraus (*oben*).

1956 Nach einer kurzen Ehe mit der Baseballgröße Joe DiMaggio heiratete Marilyn Monroe (1926–1962) den berühmten Dramatiker Arthur Miller. Links das Paar nach der Hochzeit.

1959 Marilyn Monroe war weit mehr als das führende Sexsymbol der 50er Jahre (*rechts*). Filme wie *Das verflixte 7. Jahr* (1955) und *Manche mögen's heiß* (1959) bewiesen, daß sie auch im komischen Fach Hervorragendes leistete. Die Erinnerung an sie ist nicht zuletzt durch Beiträge namhafter Autoren wie Norman Mailer oder Gloria Steinem lebendig geblieben.

1951 Einige afroamerikanische Darsteller hatten es in den 50er Jahren geschafft, tragende Rollen in Hollywoodfilmen zu bekommen. Hier sehen wir den jungen Sidney Poitier (1924–) neben Canada Lee (1907–1952) in dem Film *Denn sie sollen getröstet werden* (1951) nach dem Bestseller von Alan Paton.

1954 An verheirateten Filmpaaren waren die Fans schon immer brennend interessiert. Hier tanzt Filmstar Tony Curtis mit seiner Frau Janet Leigh *(vorige Seiten)* auf einer Party in Beverly Hills.

um 1950 Schlagersänger Bing Crosby spielte nicht nur in vielen Filmen, darunter *White Christmas* (1942) oder *Der Weg zum Glück* (1944), für den er einen Oscar gewann. Er war auch einer der ersten Fernsehstars. Auf dem Foto arbeitet Crosby *(rechts)* mit Sohn Gary, der sich ebenfalls als Sänger hervortat, an einem Musik-Arrangement für seine TV-Show.

1958 Der Autor Truman Capote (1924–1984) besaß einen einzigartigen Stil. Zwei seiner berühmtesten Werke waren *Frühstück bei Tiffany* (1958) und *Kaltblütig* (1966), ein Buch, das er als »Tatsachenroman« bezeichnete.

um 1955 Der Kritiker Rex Reed sagte einst von Audrey Hepburn (1929–1993, Zweite von rechts), »sie sei der lebende Beweis, dass Gott noch Perfektion schaffen kann«. Mit ihrer Elfengestalt bezauberte sie das Publikum in Filmen wie *Ein süßer Fratz* (1957) und *My Fair Lady* (1964). Nach ihrem Abschied von der Leinwand reiste sie erfolgreich als UNICEF-Botschafterin durch die Welt.

2969

um 1955 Lucille Ball (1910–1989) und ihr Ehemann Desi Arnez (1917–1986) traten in den 179 Folgen der Sitcom »I Love Lucy« als Hauptdarsteller auf. Dank zahlreicher Wiederholungen erfreut die Serie nach wie vor ein weltweites Publikum.

um 1957 Das Fernsehen eroberte die Wohnzimmer in den 50er Jahren und gewann seitdem im Leben von Millionen Amerikanern immer mehr an Bedeutung. In den »Honeymooners«, einer der beliebtesten TV-Shows der ersten Jahre, spielten Jackie Gleason (1916–1987) und Audrey Meadows (1926–1996) die Hauptrollen.

1950-59

um 1955 Palm Beach in Florida kristallisierte sich in den 50er Jahren als beliebtes Sonnenparadies der Reichen heraus. Hier posiert Mrs. Winston (C.Z.) Guest *(rechts, mit Hut)* mit einer ebenso elegant gekleideten Freundin am Pool.

1956 Ed Sullivans »Toast of the Town« gehörte in den 50ern zum Pflichtprogramm am Sonntagabend. Wegen Elvis Presleys erotischer Hüftschwünge (*oben*) hatte Sullivan zunächst abgelehnt, ihn in seine Show zu holen. Er gab schließlich unter der Bedingung nach, dass Presley nur von der Taille aufwärts zu sehen sein würde. Der Auftritt des Kings brach alle Zuschauerrekorde.

1955 Musikalische Giganten der 50er Jahre (*rechts*). Von links nach rechts haben sich versammelt: Johnny Cash (1932–), Elvis Presley, Carl Perkins (1932–1998) und Jerry Lee Lewis (1935–).

um 1955 Der King. Elvis Presley (1935–1977) verwandelte Rock 'n' Roll in eine Religion für Teenager, seine Singles »Heartbreak Hotel«, »Don't Be Cruel« und »Love Me Tender« verkauften sich millionenfach. Bis zum Ende der 50er Jahre hatte Presley Schallplatten, Kinotickets und Merchandise-Artikel im Wert von über 120 Millionen Dollar unter die Menschen gebracht und war zudem ein bedeutender Hollywood-Star geworden (*links*).

um 1957 Seine eindringliche Darstellung von Charakteren aus dem Süden machte den in Mississippi geborenen Tennessee Williams (1911–1983) zu einem der führenden Dramatiker des Landes *(oben)*. Für *Endstation Sehnsucht* (1947) und *Die Katze auf dem heißen Blechdach* (1955) erhielt er jeweils den Pulitzerpreis.

um 1959 In den 50er Jahren waren die drei Giganten der amerikanischen Literatur – William Faulkner, Ernest Hemingway und John Steinbeck *(unten)* – auf dem Höhepunkt ihres Schaffens. Steinbeck schrieb die Romane *Von Mäusen und Menschen* (1937) und *Jenseits von Eden* (1952) und gewann mit *Früchte des Zorns* (1939) den Pulitzerpreis. 1962 erhielt er den Nobelpreis für Literatur.

1957 Der Dichter und Dramatiker T(homas) S(tearns) Eliot (1888–1965) führte eine gänzlich neue Strophenform und Versrhythmik in die Welt der Lyrik ein. Seine berühmtesten Gedichtsammlungen waren *Das wüste Land* (1922) und *Die hohlen Männer* (1925). 1948 wurde Eliot mit dem Nobelpreis für Literatur ausgezeichnet.

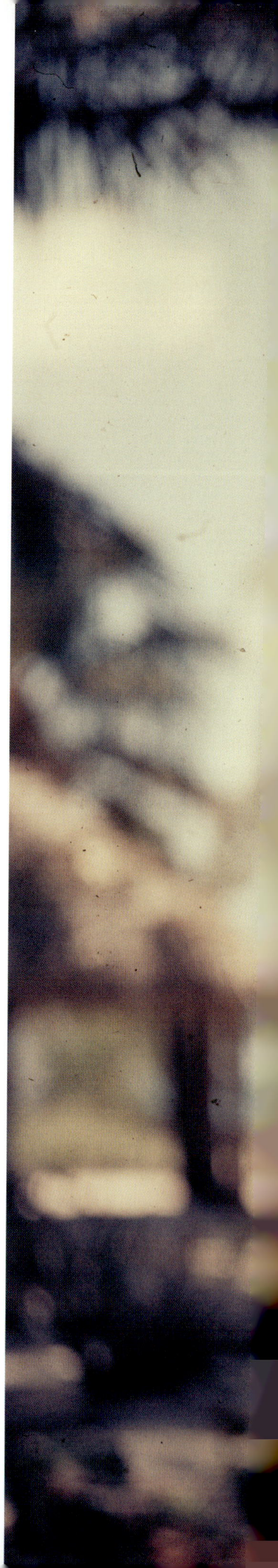

um 1957 Der unbestrittene Maestro des »Rock 'n' Roll« war Dick Clark (1930–), Gastgeber der nachmittäglichen Fernsehshow »American Bandstand«. Clark (*oben*), der allein durch die Ein- oder Ausladung zu seiner Show Künstlerkarrieren beeinflusste, erhielt wöchentlich über 50.000 Fanbriefe. Hier sehen wir ihn mit dem Rockstar Bobby Rydell.

um 1955 Chuck Berry (1926–) war einer der Väter des Rock 'n' Roll (*links*). Schon seine erste Platte »Maybelline« wurde ein Klassiker – und Berrys Musik ist seitdem immer populär geblieben.

um 1954 In der Mitte dieses Bildes sitzt Steve Allen (1921–), eine der beliebtesten Gestalten des frühen Fernsehens (*rechts*). Er war Gastgeber eines Vorläufers der »Tonight Show« und seines eigenen Abendprogrammes. Hier beobachtet Allen mit Dirigent Skitch Henderson eine Ballettszene für die Premiere der »Steve Allen Show«.

1954 Billie Holiday im Schweinwerferlicht. Die zärtlich »Lady Day« genannte Sängerin (1915–1959) inspirierte durch ihre einzigartigen Darbietungen solcher Songs wie »Stormy Weather« oder »I Cover the Waterfront« ganze Generationen künftiger Jazz- und Bluessängerinnen.

1952 Mit ihrer unverwechselbaren Stimme und ihrem lasziven Auftreten war Eartha Kitt (1928–) eine Sensation. Diese Aufnahme stammt von Ernst Haas, der in seinen Bildern meisterhaft mit Kontrasten arbeitete und mit Schatten modellierte.

um 1955 Der Trompeter, Bandleader und Komponist Miles Davis (1926–1991) zählt zu den innovativsten Musikern aller Zeiten (*oben*). Er war an der Entwicklung des Bebop und Cool Jazz beteiligt und ein Pionier der Fusion von Jazz und Rock.

1956 Jazz- und Rockfestivals wurden in den 50er Jahren zunehmend beliebter. Hier (*links*) sehen wir Dizzie Gillespie (1917–1993), einen Großmeister der Jazztrompete, bei einem Auftritt auf einem Festival in der Berkshire Music Barn in Lenox (Massachusetts).

1953 Jazzmusiker Thelonius Monk (1917–1959) spielt im New Yorker Club Open Door (*rechts*). Monk, einer der Mitbegründer des Bebop, war ein herausragender Jazzkomponist. Einige seiner Kompositionen wie etwa »Round Midnight« oder »Blue Monk« sind zu Klassikern geworden.

SPORTS

um 1955 In der Dekade nach dem Zweiten Weltkrieg gewannen die amerikanischen Museen an Bedeutung und Besucherzahlen wuchsen oft auch in den Ausmaßen. Dies ist das Solomon R. Guggenheim Museum in New York, das 1959 eröffnete. Das gefeierte Bauwerk wurde von Frank Lloyd Wright entworfen.

um 1953 Architekt Frank Lloyd Wright arbeitet an der Darstellung eines überdachten Sportstadions. Wright (1867–1959) gilt als einer der bedeutendsten Architekten des 20. Jahrhunderts.

um 1955 Hawaiianische Frauen bei einem Luau, einem Festessen mit Tanz unter freiem Himmel. Die Aufnahme stammt von Fenno Jacobs, dem als Mitglied von Edward Steichens Marinefotografiekorps einige der dramatischsten Bilder des Zweiten Weltkriegs gelangen.

um 1953 Hawaii war seit langem ein Traumziel für Touristen. Hier eine Gruppe von Hula-Tänzerinnen am Waikiki Beach von Honolulu, die vor dem Beginn ihrer Darbietung ihren Staat in riesigen Buchstaben preisen.

um 1955 San Franciscos Chinatown hatte sich in den 50er Jahren als lebenswichtiger Teil der Stadt fest etabliert. Hier sehen wir ein junges Mädchen beim Unterricht in der Commodore Stockton School, der größten staatlichen Schule Chinatowns (*links*).

um 1955 Zwei Amerikanerinnen chinesischer Herkunft lassen sich im so genannten »Joss house« in San Franciscos Chinatown ihre Zukunft vorhersagen. Dieser Tempel wurde von Anhängern des Buddhismus, Konfuzianismus und Taoismus besucht.

um 1955 Die Pflichten eines Geistlichen reichen weit über formale Kirchendienste hinaus. Hier leiht ein Kaplan der protestantischen bischöflichen Missionsgesellschaft von New York einem Gemeindemitglied an einer Straßenecke ein willkommenes Ohr *(oben)*.

um 1954 Die Vielfalt Amerikas spiegelt sich im großen Formenreichtum seiner Gotteshäuser wider. Die abgebildete Philippus-Kirche *(rechts)* diente seit dem Jahr 1890 der deutschen protestantischen Gemeinschaft von Cincinnati (Ohio).

um 1955 Beinahe alle Religionen verfügen über eine Zeremonie, in der junge Menschen offiziell als Mitglieder aufgenommen werden. Hier heißt ein Baptistenpfarrer *(links)* ein kleines Kind in seiner Gemeinde willkommen.

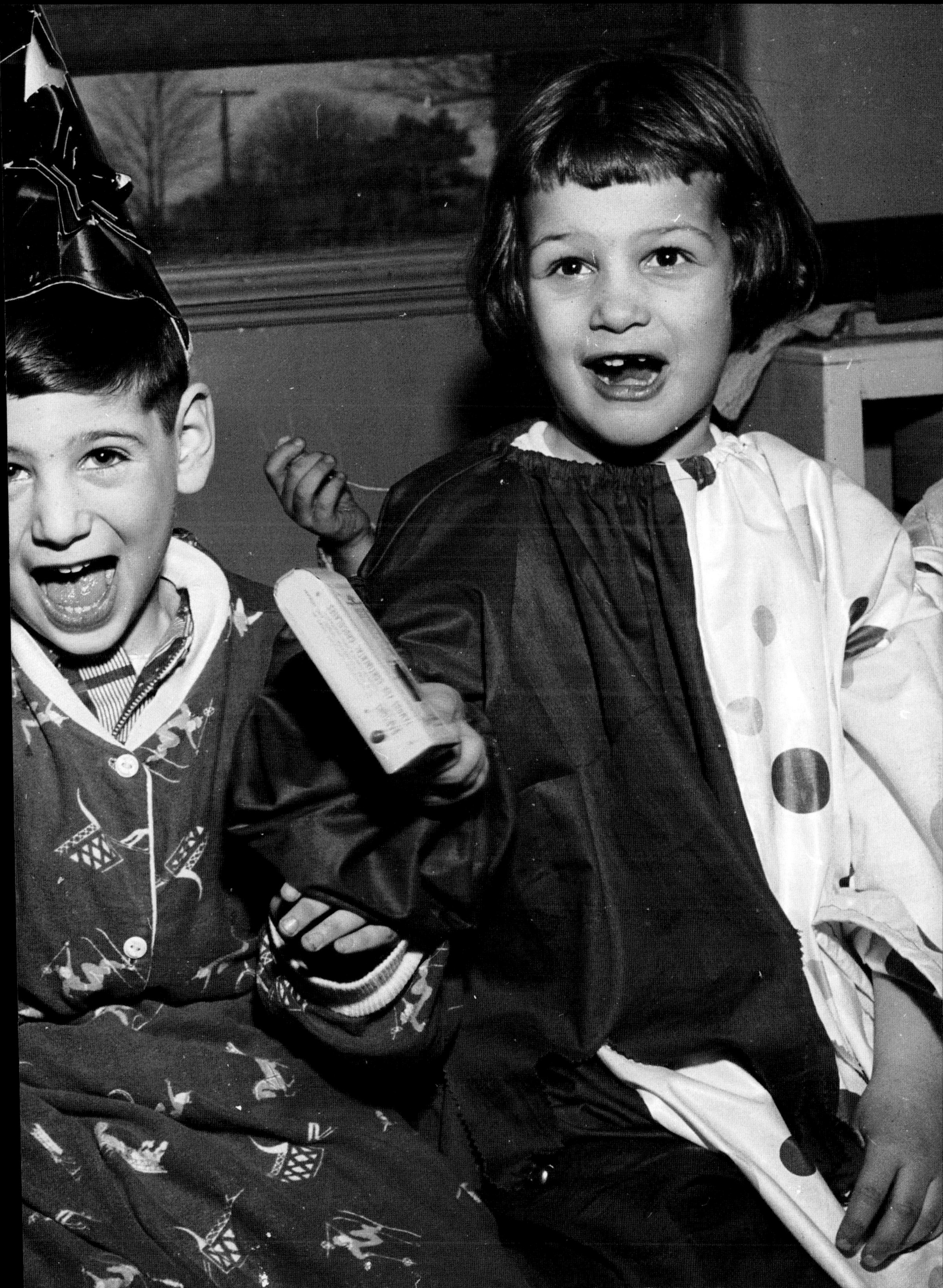

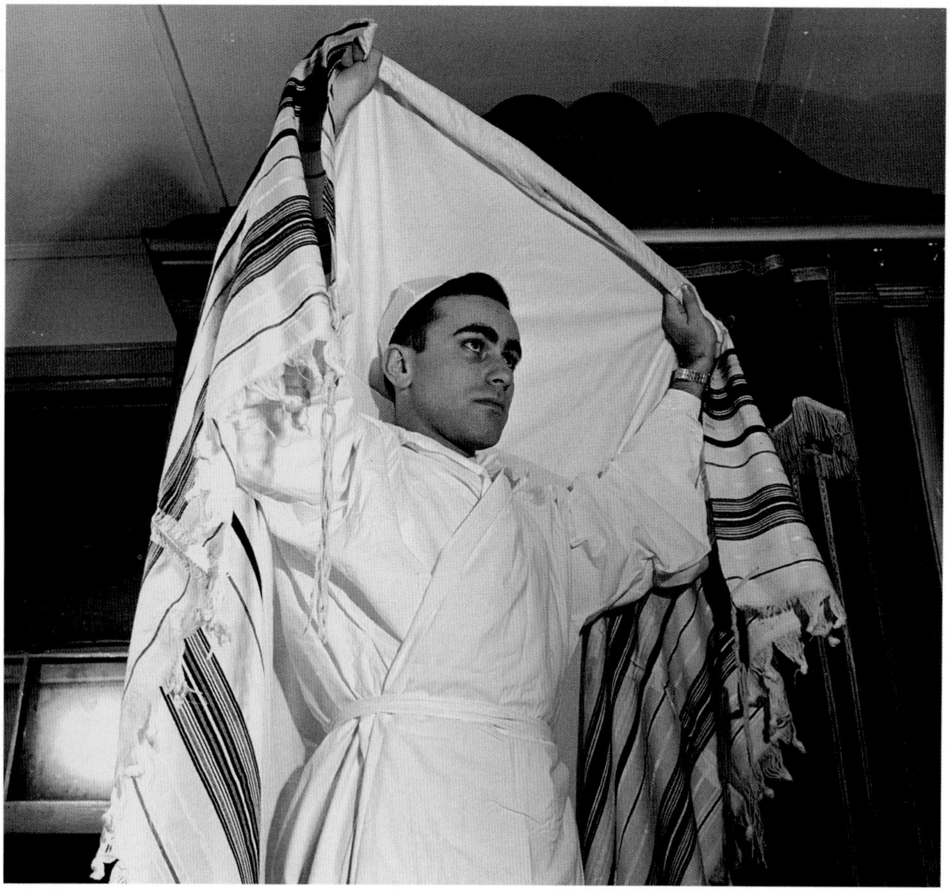

um 1950 Rosch ha-Schanah, eine zweitägige religiöse Feier, markiert den Beginn des jüdischen Neujahrs. Bei dieser Zeremonie hält dieser Mann einen Gebetsschal über seinen Kopf (*oben*).

um 1950 Ein Blick ins Innere der Touro-Synagoge (*links*) in Newport (Rhode Island), der 1763 geweihten und damit ältesten Synagoge in Amerika.

um 1955 Die Jugend in den Grundsätzen des Glaubens zu erziehen, ist ein zentraler Bestandteil fast jeder Religion. Auf diesem Bild sehen wir junge Studenten in einem jüdischen Seminar (*rechts*).

um 1950 Das jüdische Purim-Fest ehrt Königin Esther, die die Juden während der persischen Besetzung 473 v. Chr. vor der Vernichtung bewahrte. Hier (*vorige Seiten*) zelebrieren jüdische Kinder den Feiertag.

ST. CHARLES CATHOLIC CHURCH

um 1950 Die Menschen auf diesem Foto führen eine alte Tradition fort und besuchen im Einwanderungslager auf Ellis Island einen katholischen Gottesdienst, womit sie an die Rolle dieser Einrichtung bei der Begleitung von Neuankömmlingen in Amerika erinnerten (*oben*).

um 1955 Man schätzt die Zahl der Anhänger des Islam weltweit auf mehr als eine Milliarde. In Amerika wurde er bereits im 17. Jahrhundert praktiziert, heute leben in den Vereinigten Staaten über fünf Millionen Moslems. Diese traditionell gekleideten moslemischen Frauen (*rechts*) wohnten einer Versammlung in Chicago bei.

um 1955 In den 50er Jahren gehörten rund 585 Millionen Menschen in aller Welt dem römisch-katholischen Glauben an. Drei Jugendliche aus Harlem (New York) plaudern mit ihrem Pfarrer (*links*).

1952 Langston Hughes (1902–1967) war einer der bekanntesten afroamerikanischen Schriftsteller. Hier ist der als »Hofdichter von Harlem« gefeierte Hughes (*oben*) kurz nach der Veröffentlichung seiner ersten Lyriksammlung, *The First Book of Negroes*, zu sehen.

um 1955 Rosa Parks (1913–) (*links*) war eine echte amerikanische Heldin. Am 1. Dezember 1955 verweigerte sie höflich einem weißen Mann in Montgomery (Alabama) ihren Sitzplatz im Bus. Der Vorfall löste den 381-tägigen Montgomery-Busboykott aus, an dessen Ende der Oberste Gerichtshof die Rassentrennung in Bussen für verfassungswidrig erklärte. »Ich hatte keine Ahnung, dass Geschichte gemacht wurde«, sagte Parks. »Ich war es nur leid, nachzugeben.«

1955 Ralph Bunche (1904–1971), der Enkel eines Sklaven, lehrte an den Universitäten von Harvard und Howard und war als Direktor im Sekretariat der Vereinten Nationen sowie als außerordentlicher Auslandsvertreter der USA im Kongo aktiv. 1950 erhielt Bunche (*rechts*) als erster Afroamerikaner den Friedensnobelpreis.

um 1954 Cheerleader gehören seit langem zu den Showeinlagen, die den amerikanischen Highschool- und College-Football garnieren. Diese jungen Damen (*vorige Seiten*) sind mitten im Sprung aufgenommen worden.

1956 Althea Gibson (1927–) war die erste afroamerikanische Tennisspielerin, die um die US-Meisterschaft kämpfte und in Wimbledon antrat. 1957 gewann sie bei den US-Open den Titel im Dameneinzel sowie die Einzel- und Doppelwettbewerbe in Wimbledon. Ein Jahr später verteidigte sie erfolgreich alle drei Titel.

1951 Babe Didrikson Zaharias (1911–1956) wird oft als beste Sportlerin aller Zeiten betrachtet. Größten Ruhm erlangte sie bei Golf und Leichtathletik, sie tat sich aber auch in Basketball, Baseball, Tennis, Schwimmen und Tauchen hervor. 1946 und 1947 gewann sie 17 Golfturniere in Serie und blieb 1948 auch bei den US-Women's Open siegreich.

OFFA
OFFALY
FALY
7-8100

1950 So gut es ging, haben die Ureinwohner Amerikas versucht, die Traditionen fortzuführen, welche ihre Ahnen geschaffen hatten, lange bevor die Zivilisation der Weißen in ihre Lebensweise eingriff. Hier spielen Papago-Frauen in einem Reservat des Stammes in Sells (Arizona) ein dem Feldhockey ähnliches Ballspiel (*oben*).

um 1955 Mit seinen »Blitzscheidungen« und dem legalisierten Glücksspiel wurde Reno (Nevada) zu einer geschäftigen Gemeinde. Eine Frau versucht in einem Geschenkartikelladen in Reno ihr Glück an einem Einarmigen Banditen (*rechts*).

um 1955 Die Einwanderer, die im späten 19. und frühen 20. Jahrhundert nach Amerika strömten, brachten viele ihrer heimischen Spiele mit, so auch das Hurley, eine irische Variante von Lacrosse. Einige Spieler der Mannschaften von Offaly und Kilkenny versuchen, einen Pass abzufangen (*links*).

EST POIN
9
3
11
CHOWOOD

um 1955 Eishockey, der Nationalsport Kanadas, wurde in den 50ern auch in den Vereinigten Staaten immer beliebter. Spieler der College-Teams von West Point und Dartmouth kämpfen um den Puck.

um 1950 Die Helme waren noch recht primitiv und Baseball weiterhin der mit Abstand beliebteste Zuschauersport des Landes, doch befand sich American Football auf dem besten Wege, Baseball in der Gunst der Nation den Rang streitig zu machen.

1958 Die Debütantinnenbälle der 50er Jahre, bei denen junge Frauen in aller Form in die Gesellschaft eingeführt wurden, setzten Maßstäbe und waren vielbeachtete Ereignisse – wie dieser hier im Copley Square Hotel von Boston.

1958 Maria Callas, die berühmte amerikanische Opernsopranistin (1923–1977), trifft anlässlich der Fernsehsendung »Person to Person« in New York ein. Die Callas wurde sowohl durch ihren gewaltigen Stimmumfang als auch durch ihre Temperamentsausbrüche bekannt.

TWA

1960-1969

1960 -1969

um 1965 Ein Kind der 60er Jahre. In der Elterngeneration nannte man solche Leute einmal Bohemiens, jetzt hießen sie »Hippies«. Die Parolen in diesem Jahrzehnt der jugendlichen Rebellion hießen »Love« und »Peace«.

Es waren die Jahre der Triumphe im All. Alan Shepard schloss einen Weltraumflug ab. Ein Jahr später umkreiste John Glenn die Erde. Noch vor dem Ende des Jahrzehnts hatte Amerika Menschen auf den Mond geschossen. Die 60er waren jedoch auch eine Zeit des Aufruhrs, geprägt von einer Revolution der Gegenkultur, in der viele Jugendliche im Land gegen vorherrschende Werte und Haltungen sowie die Macht des »Establishments« aufbegehrten.

Die Beatles, der Twist, die Beach Boys, Bob Dylan und Woodstock prägten eine Generation. Im Sport brach Roger Maris Babe Ruths Homerun-Rekord und Muhammad Ali wurde zu einem absoluten Weltstar. Dr. Martin Luther King jr. sprach für all seine afroamerikanischen Gefährten, als er seine »Ich habe einen Traum«-Rede hielt.

1960 Dank der Musik des Komponisten Leonard Bernstein (1918–1990) war die *West Side Story*, eine moderne Adaption von Shakespeares *Romeo und Julia*, eine Sensation am Broadway. Hier (*vorige Seiten*) sehen wir Tänzer in einer Szene aus der Filmversion.

1962 Dr. Martin Luther King jr. (1929–1968) war der charismatische Anführer einer Bürgerrechtsbewegung, die in den 60er Jahren ihre Blütezeit erlebte (*oben*).

1968 Neben vielen anderen herausragenden Leistungen machte Amerika auch in der Raumfahrt große Fortschritte. Die Rakete *Apollo 5* startet zum ersten Testflug eines unbemannten Mondmoduls (*rechts*) von Cape Kennedy (Canaveral), Florida.

1961 Präsident John F. Kennedy hält seine Antrittsrede. Hinter ihm sehen wir *(von links nach rechts)* seine Frau Jacqueline, seinen Vorgänger Dwight D. Eisenhower sowie Vize-Präsident Lyndon Baines Johnson.

um 1962 In ihrer Amtszeit als First Lady gestaltete Jacqueline Kennedy das Weiße Haus um. Sie ließ historisch wertvolle Gebäudeteile restaurieren und öffnete das Haus für bedeutende kulturelle Ereignisse. Hier stellt sie sich mit Präsident Kennedy, Muñoz Marín, dem Gouverneur von Puerto Rico, und dessen Frau für den Fotografen Slim Aarons in Positur (*oben*).

1962 Die jungen, dynamischen Kennedys brachten Schwung ins Weiße Haus. Ihre Kinder Caroline und John jr. rückten ins Blickfeld der nationalen Aufmerksamkeit. Hier stellt Mrs. Kennedy ihren Sohn der Kaiserin von Persien vor (*rechts*).

um 1965 Jacqueline Kennedy (1929–1994), die 35. First Lady der Vereinigten Staaten. Mrs. Kennedy, eine Malerin, Fotografin, Kunstsammlerin und Linguistin, wurde – nicht zuletzt dank ihres Stils und Sinns für Mode – eine der meistbewunderten Frauen der Welt (*links*).

1968 Robert Kennedy (1925–1968) war 1960 bei der erfolgreichen Präsidentschaftskandidatur seines Bruders als Wahlkampfmanager tätig. 1964 wurde er zum US-Senator von New York gewählt. Vier Jahre später *(oben)* unternahm er selbst einen beherzten Anlauf auf das Amt des Präsidenten, der jedoch tragisch endete: Nach einer Wahlkampfveranstaltung in Kalifornien wurde er erschossen.

1968 Richard M. Nixon (1913–1984) spreizt nach seiner Präsidentschaftsnominierung auf der Nationalversammlung der Republikaner in Miami die Finger zum Siegeszeichen *(rechts oben)*. Nach seinen Wahlerfolgen von 1968 und 1972 endete Nixons Präsidentschaft im Jahre 1974 jedoch abrupt: Im Zuge der Watergate-Affäre war er gezwungen, zurückzutreten.

1968 Eugene McCarthy (1916–) sorgte für politische Aufregung, als er den amtierenden Präsidenten der Demokraten, Lyndon B. Johnson, in der Vorwahl von New Hampshire besiegte und damit aus dem Rennen warf. McCarthy, ein Liebling der Jugendlichen, unterlag bei der parteiinternen Bewerbung um die Präsidentschaftskandidatur dann aber gegen Hubert Horatio Humphrey *(rechts)*.

1961 Der Astronaut Alan Shepard (1923–1998) erlangte 1961 weltweiten Ruhm, nachdem er für die USA den ersten bemannten Weltraumflug absolviert hatte. 1971 führte Shepard bei der Mondlandungsmission *Apollo 14* das Kommando.

1962 Am 20. Februar 1962 umkreiste der Astronaut John Glenn als erster Amerikaner die Erde – die dreimalige Umrundung der Weltkugel nahm vier Stunden und 55 Minuten in Anspruch. Hier befindet er sich auf dem Weg zu seiner Weltraumkapsel *Friendship-7*.

1969 Planet Erde. Die Welt der Fotografie war eine der vielen Nutznießer der amerikanischen Erfolge im Weltall. Dieses Bild eines Erdaufgangs schoss ein Astronaut der *Apollo 11* vom Mond aus – es enstand eine der berühmtesten Fotografien aller Zeiten (*oben*).

1969 »Ein kleiner Schritt für einen Menschen, aber ein großer Sprung für die Menschheit.« Mit diesen Worten betrat Neil Armstrong (1930–) als erster Mensch den Mond und sicherte sich einen dauerhaften Platz in den Geschichtsbüchern. Hier sehen wir den Astronauten (*links*) an Bord der Mondlandefähre der *Apollo 11*, die auf der Oberfläche des Trabanten ruhte.

1969 Wo waren Sie am 20. Juli 1969? Wenn Sie alt genug waren, klebten Sie wahrscheinlich vor Ihrem Fernseher, als die Bilder vom Astronauten Edwin »Buzz« Aldrin (1930–), der neben der amerikanischen Fahne auf dem Mond stand, zur Erde übermittelt wurden (*rechts*).

1963 Dr. Martin Luther King jr. winkt während einer Demonstration gegen Rassendiskriminierung am 28. März 1965 in Washington D.C. in die Menge. An dieser Stelle hatte King auch seine berühmte Rede »I have a dream« gehalten. Der Baptistenpfarrer geriet erstmals im Rahmen des Busboykotts von Montgomery (Alabama) im Jahre 1955 in den Blickpunkt der Öffentlichkeit. Der leidenschaftliche Anwalt der Gewaltlosigkeit erhielt 1964 den Friedensnobelpreis.

1960-69

1969 Es waren Jahre des Aufruhrs und eines wachsenden Bewusstseins hinsichtlich des Elends verschiedener Minderheiten. Diese Ureinwohner Amerikas nahmen an einem Umzug in Gallup (New Mexico) teil.

um 1965 Der majestätische Grand Canyon ist stets ein beliebtes Motiv von Künstlern und Fotografen gewesen. Dieses Bild (*rechts*) gelang Ernst Haas bei Sonnenaufgang.

1961 Ernst Haas führte seine fotografische Huldigung an die Vielfalt der Landschaft Amerikas in den 60ern weiter. Diese Aufnahme (*vorige Seiten*) gelang ihm in Kaliforniens Joshua Tree National Monument, der 1994 zum Nationalpark erklärt wurde.

1963 Muhammad Ali, der 1942 als Cassius Clay geboren wurde, errang 1964 durch einen Sieg über Sonny Liston den WM-Titel im Schwergewicht. Der charismatische Ali wurde durch sein Gekasper sowie die vielen erfolgreichen Titelverteidigungskämpfe zu einem der bekanntesten Menschen der Welt. Hier posiert er scherzhaft mit seiner Mutter.

1965 »Flattern wie ein Schmetterling, stechen wie eine Biene« – so charakterisierte Muhammad Ali seinen Boxstil. Auf diesem Foto *(links)* verteidigt Ali seinen Titel im Schwergewicht erfolgreich gegen den Herausforderer Floyd Patterson.

1966 Zu den zahlreichen fotografischen Begabungen von Ernst Haas gehörte die wunderbare Fähigkeit, seine Bilder mit natürlichen Objekten einzurahmen. Auf diesem Foto sucht ein Büffel während eines Schneesturms im Yellowstone-Nationalpark Schutz.

1962 Haas' fotografische Reise führte ihn in alle Winkel und Ecken des Landes. Diese Landschaft fand er in den Great Smoky Mountains im östlichen Tennessee.

1969 Das Woodstock-Festival in Bethel (New York) wurde als das »größte Ereignis in der Geschichte der Gegenkultur« bezeichnet. Obwohl seine Organisatoren schon eine große Menschenmenge erwartet hatten, konnte niemand damit rechnen, dass diese auf gut 400.000 anschwellen sollte. Fans erklommen Turmgerüste, um sich einen besseren Überblick zu verschaffen.

1964 Die Gruppe junger, singender Männer, die als »The Beatles« bekannt wurde, beherrschte von ihrer ersten Hitsingle »Please, Please Me« bis zur letzten Platte sieben Jahre später mit ihren 38 Gold-Alben nicht nur die Hitparaden, sondern diktierte auch Mode, Haarschnitt und Lebensstil junger Menschen rund um den Erdball. Die so genannten Pilzköpfe Ringo Starr (1940–), George Harrison (1943–), John Lennon (1940–1980) und Paul McCartney (1942–) während eines historischen Auftritts mit dem TV-Gastgeber Ed Sullivan.

1965 Viele der Songs, mit denen die Beatles die Rockmusik und Popkultur in den 60er Jahren dominierten, stammten aus der Feder von Paul McCartney und John Lennon. Hier betreten McCartney und Lennon kurz vor einem Konzert ein amerikanisches Stadion.

um 1965 Folk wurde in den 60ern fast so populär wie Rockmusik. Wie viele andere Folksänger engagierte sich Joan Baez (1941–) stark in der Friedens- und Anti-Atomkraft-Bewegung. Baez' Version von »We Shall Overcome« wurde zur Hymne der Menschenrechtsbewegung. Im Jahr 1965 gründete sie das Institute for the Study of Non-Violence.

um 1964 Für Millionen junger Leute stellte Bob Dylan (1941–) das Symbol der 60er Jahre schlechthin dar. Auf diesem Bild begleitet sich der »Hofdichter des Folkrevivals« auf Gitarre und Mundharmonika selbst. Zu seinen fantastischen Hits gehören u.a. »Blowin' in the Wind«, »Masters of War« oder »A Hard Rain's A-Gonna Fall«.

1969 Das Festival von Woodstock ging außerordentlich friedlich über die Bühne – trotz der riesigen Zuschauermenge und der sintflutartigen Regenfälle, die das Feld in eine Schlammwüste verwandelten. Dieser Mann traf in einem von zeitgemäßen Slogans übersäten Wagen ein.

1969 Auf dem dreitägigen Woodstock-Festival traten Rockstars wie Jimi Hendrix, Janis Joplin oder Jefferson Airplane auf. Auch Joe Cocker sang vor dem gewaltigen Auditorium.

um 1965 Der Schriftsteller William Seward Burroughs (1914–1997) war einer der Lieblingsautoren der »Beatgeneration«. Zu seinen bekanntesten Romanen zählen *Naked Lunch* (1959), *The Soft Machine* (1961) und *Fingers Talk* (1963).

1965 Der Dichter Allen Ginsberg (1926–1997), ein erbitterter Kritiker des amerikanischen Materialismus, galt vielen als die Stimme der Beatgeneration. Sein einflussreichstes Gedicht hieß »The Howl«. Hier sehen wir ihn (mit Brille) mit seinem Dichterkollegen und Herausgeber Lawrence Ferlinghetti. Ferlinghetti veröffentlichte »The Howl« im Jahre 1956 – der Text war derart umstritten, dass Exemplare als »obszön« beschlagnahmt wurden und man ihn verhaftete. Die Gerichte entschieden im Sinne des Dichters.

SHAKE

um 1968 The Doors, eine Rockband aus Los Angeles (*oben*), stürmten die Charts mit Hits wie »Light My Fire« und »Riders on the Storm«. Gründer und Leadsänger Jim Morrison (1943–1971) war eine der populärsten und umstrittensten Gestalten des Rock – ein Dichter, Sexsymbol und wüster Künstler, der sich selbst den »Lizard King« nannte. Von links nach rechts: John Densmore (Schlagzeug), Tobbie Krieger (Gitarre), Ray Mazarek (Keyboard) und Morrison.

1968 Grace Barnett Wing (1939–), die als »Grace Slick« bekannt gewordene Leadsängerin (*rechts*) von Jefferson Airplane. Zusammen mit Grateful Dead gehörte Jefferson Airplane zu den einflussreichsten Gruppen aus San Francisco. »White Rabbit« und »Somebody to Love«, beide auf dem gefeierten Album *Surrealistic Pillow* zu finden, standen in den 60ern in den Charts ganz oben.

1969 Jimi Hendrix (1942–1970), den viele für den begabtesten Gitarristen der Rockmusik halten, wurde sowohl durch seine explosiven Auftritte als auch durch seinen innovativen Umgang mit der elektrischen Gitarre bekannt. Hier bei einem Konzert im Madison Square Garden von New York (*links*).

1969 Der Bluessänger, Songwriter und Gitarrist B.B. King (1925–) wurde in den 60er Jahren zu einem internationalen Topstar (*oben*). Zu den besten Alben des nach wie vor aktiven Künstlers gehören *Blues Is King* (1967) und *Blues 'n Jazz* (1983).

1968 Aretha Franklin (1942–) begann ihre Laufbahn als Gospelsängerin. Zu den größten Hits der später als »Lady Soul« und »Queen of Soul« (*rechts*) bekannten Sängerin zählen »Baby I Love You« und »Respect«, zu ihren erfolgreichsten Alben *Lady Soul* (1968), *Amazing Grace* (1972) und *Aretha* (1980).

1965 Stevie Wonder (1951–) war ein echtes musikalisches Wunderkind (*links*). Mit zehn Jahren unterschrieb er einen Vertrag bei Motown Records und Wonders erste Platte *The 12-Year-Old Genius* wurde ein gewaltiger Erfolg. Gleiches gilt für viele andere Alben, darunter *Songs in the Key of Life* (1976), *Talking Book* (1972) oder *Hotter Than July* (1980).

1966 Die Beach Boys *(oben)* wählten laut eigener Aussage ihren Bandnamen deswegen, weil sie erkannt hatten, dass Menschen am liebsten in Strandnähe leben wollten. Die Konzerte von Amerikas Popgruppe Nr. 1, auf deren Konto Hits wie »Surfin ' USA«, »Shut Down« oder »Be True to Your School« gingen, waren meist schon kurz nach Ankündigung ausverkauft. Von links nach rechts sehen wir Carl Wilson, Bruce Johnston, Mike Love, Al Jardine und Brian Wilson.

um 1965 Die Pop- und Folksänger Art Garfunkel (1942–), links, und Paul Simon (1942–) beherrschten mit Hits wie »Mrs. Robinson«, »Bridge Over Troubled Water« oder »Cecelia« die Charts (*links*). Die meisten ihrer Songs schrieb Simon, dessen Album *Graceland* für seine neueren Soloarbeiten typisch ist.

1968 Das verheiratete Duo *(rechts)* Salvatore »Sonny« Bono (1935–1998) und Charilyn »Cher« LaPierre (1946–) brachte Musik- und Comedyelemente in die eigene Fernsehsendung zur Primetime ein. Nach ihrer Scheidung brachte es Bono bis zum US-Kongressabgeordneten, während aus Cher ein bedeutender Film- und Popstar wurde.

1968 Andy Warhol (1928–1987), hier beim Zeichnen einer Blume auf Schauspielerin Leigh Taylor-Young, war ein höchst erfolgreicher Popkünstler und Filmemacher. Seine Seidensiebdrucke von Coca-Cola-Flaschen, Campbell's-Suppendosen und Filmstars gehören zu den ikonenhaftesten Bildern der zweiten Hälfte des 20. Jahrhunderts. Zu Warhols Filmen zählen *Chelsea Girls* (1966) und *Trash* (1970).

1967 Der frühere Harvard-Professor Timothy Leary (1920–1996) war ein selbsternannter Guru der Gegenkultur. Er prägte den Aussteiger-Slogan »Turn on, Tune in, Drop out«.

1969 Unternehmertum hat sich stets in vielerlei Formen gezeigt. In den 60er Jahren baute sich Hugh Hefner durch sein Magazin *Playboy* und die Playboy-Klubs ein einträgliches Imperium auf.

1967 Der 4. Mai 1967 war ein schwarzer Tag im Leben von Millionen junger Amerikanerinnen. An diesem Tag schloss Elvis Presley, der begehrteste Junggeselle der Welt, mit Priscilla Beaulieu im Aladdin Hotel von Las Vegas den Bund fürs Leben.

um 1965 Sie waren als das »Rat Pack« bekannt und zogen die Menschen in hellen Scharen zu ihren Auftritten in die Spielkasinos von Las Vegas. Von links nach rechts: Frank Sinatra (der Anführer), Dean Martin, Sammy Davis jr., Peter Lawford und Joey Bishop.

A PLACE
IN THE SUN
FRANK SINATRA
DEAN MARTIN
SAMMY DAVIS JR.
PETER LAWFORD
JOEY · BISHOP
IN THE LOUNGE

1961 Die Pfadfinder von Amerika feierten 1960 ihren 50. Jahrestag. Anlässlich der Feier entstand u.a. ein sehr großes Klettergerüst.

1962 Die Sonne glitzert auf dem heißen Straßenpflaster, während Stadtkinder eine uralte Tradition fortführen – und die Straße in einen improvisierten Spielplatz verwandeln.

1960 Die Rockefellers, eine der reichsten und wohltätigsten Familien Amerikas, posieren für den Fotografen Slim Aarons in ihrem Büro in Radio City (New York). Von links nach rechts Lawrence, Winthrop, John Davison III, David und Nelson.

1966 Ständige Verbesserungen ließen den Hubschrauber zu einem besonders effizienten städtischen Transportmittel werden. Hier landet ein »Chopper« auf dem Dach des New Yorker Pan Am Buildings, das 1981 in Met Life Building umbenannt wurde.

PANAM

um 1964 Die New Yorker Weltausstellung von 1964/65 feierte den 300. Jahrestag der Stadtgründung. Das »Sahnehäubchen« der Messe stellte diese spektakuläre »Unisphere« dar.

1966 In einer Szene der beliebten Fernsehserie »Batman« klettern die Schauspieler Adam West (Batman) und Burt Ward (Robin) ein Gebäude hoch, aus dem der Gaststar der Folge, Sammy Davis jr., herausschaut.

SHOW FROM CAPE
MAY 3
APRIL 30 TUES. 1 ST
MAY 14 TUES. 2 ND
MAY 28 TUES.

1962 Von 1962 bis 1981 war »CBS Evening News With Walter Cronkite« die angesehenste Nachrichtensendung Amerikas – ihr Frontmann Walter Cronkite (1916–) gilt nach wie vor als der respektierteste und einflussreichste Nachrichtensprecher in der Geschichte des Fernsehens. Cronkite (Mitte) war als junger Journalist einer der ersten akkreditierten Korrespondenten im Zweiten Weltkrieg, und von 1952 bis 1980 berichtete er mit einer Ausnahme von allen Präsidentschaftswahlen. Cronkite erhielt zahlreiche Preise, darunter fünf Emmys und den George Polk Journalism Award (1971). Gleich neben Cronkite steht Don Hewitt, der spätere Produzent des CBS-Nachrichtenmagazins »60 Minutes«.

um 1965 Das Pferd auf diesem Bild war das vielleicht bekannteste Tier im Amerika der 60er Jahre. Es handelt sich um Mister Ed, das sprechende Pferd (*oben*), Star seiner eigenen Fernsehserie. Daneben Alan Young, Mister Eds menschlicher Kumpel.

um 1962 Komiker, Schauspieler und Regisseur Jerry Lewis (1926–) bringt bei den Dreharbeiten zu einem seiner Filme eine Kamera in Position (*links*). Von 1946 bis 1956 spielte Lewis mit seinem Partner Dean Martin in TV-Sendungen und Filmen. Als die Partnerschaft endete, startete Lewis, der vor allem in Frankreich verehrt wurde, eine höchst erfolgreiche Solokarriere.

um 1968 Leonard Nimoy und Jane Wyatt posieren als Mr. Spock und Spocks Mutter (*rechts*) für ein Werbefoto der kultigen Sciencefiction-TV-Serie »Star Trek«. Nach dem Ende der ersten Serie entstanden Nachfolgeserien und eine Reihe erfolgreicher Kinofilme. Und mit der Zeit gingen »Enterprise«-Phrasen wie »Beam me up Scottie« in den amerikanischen Sprachschatz ein.

1964 Sänger Frankie Avalon übt die Schritte eines neuen kalifornischen Tanzes namens »Malibu Beat«. Auch die jungen Damen sind Mitwirkende des Filmmusicals *Muscle Beach Party*, in dem der Tanz vorkam (*oben*).

um 1965 Schauspielerin Raquel Welch (1940–) stellt sich für ein Werbefoto in Positur (*rechts*). Nachdem sie das Publikum in *Die phantastische Reise* und *Eine Million Jahre vor unserer Zeit* vom Hocker gerissen hatte, tauchte das Sexsymbol der 60er Jahre in über 35 Filmen auf.

um 1965 Es war das Jahrzehnt der »Surfin' USA«, und Kalifornien festigte seinen Platz als Surfgebiet Nr. 1 auf dem amerikanischen Festland. Hier (*links*) trägt ein junger Mann seinen geschätzten Besitz.

um 1965 Schauspielerin Ali MacGraw lächelt in die Kamera. MacGraw erlangte ihren größten Ruhm an der Seite von Ryan O'Neal in dem Film *Love Story*. Ferner spielte sie in Filmen wie *Zum Teufel mit der Unschuld* und *Tod in Bangkok*.

1966 Schauspieler Steve McQueen (1930–1980) entspannt sich bei den Dreharbeiten zum Film *Nevada Smith*, in dem er die Titelrolle spielte. McQueens raubeiniger Charme und seine oft impulsive Persönlichkeit machen ihn zu einem Liebling der Fanmagazine Hollywoods. Zu seinen besten Filmen zählen *Gesprengte Ketten*, *Junior Bonner*, *Thomas Crown ist nicht zu fassen* und *Flammendes Inferno*.

"PSYCHO" 9401
DIR. MR. HITCHCOCK
CAM. J. RUSSELL
1-29-60 DAY
TR8
6
61-44

1966 Sidney Poitier war der erste afroamerikanische Filmstar Hollywoods. In den 60ern drehte er u.a. *Lilien auf dem Felde* und *In der Hitze der Nacht*. Hier (*oben*) wurde er von Ernst Haas bei den Dreharbeiten zu *Duell in Diablo* fotografiert.

1962 Paul Newman (1925–) spielte in den 60er Jahren in einer Reihe von Filmen die Hauptrolle, die ihn zu einem bedeutenden Star machten (*rechts*). Zu diesen Filmen zählen *Haie der Großstadt, Süßer Vogel Jugend, Der Wildeste unter Tausend, Der Unbeugsame* und der Kultklassiker *Zwei Banditen*. 1986 erhielt Newman, einer der dauerhaftesten Stars Hollywoods, für seine Darstellung in *Die Farbe des Geldes* einen Oscar.

1960 Regisseur Alfred Hitchcock (1899–1980) wurde so berühmt wie viele der Stars in seinen Filmen (*links*). Vom Meister des Suspense-Thrillers stammen u.a. *Das Fenster zum Hof, Rebecca, Berüchtigt, Psycho* und *Die Vögel*. In den 60er Jahren präsentierte Hitchcock auch zwei TV-Krimiserien: »Alfred Hitchcock Presents« und »The Alfred Hitchcock Hour«.

1968 In den 60ern hatte Hollywood längst entdeckt, dass bei der Umwandlung von Broadway-Hits in größere Filmmusicals die Kassen mächtig klingeln konnten. Hier (*vorige Seiten*) gibt Gene Kelly in der Filmversion von *Hello Dolly* Barbra Streisand (1942–) einige Anweisungen.

1969 Das Roadmovie *Easy Rider* folgt zwei Antihelden auf ihrem verhängnisvollen Motorradtrip durch den Südwesten. Der 1969 auf dem Filmfestival von Cannes uraufgeführte und ausgezeichnete Film wurde ein dauerhaftes Symbol der Gegenkultur-Bewegung. Die Regie führte der hier (*oben*) mit Karen Black abgebildete Dennis Hopper (1936–), weitere Hauptrollen spielten Peter Fonda und Jack Nicholson.

um 1965 Sophia Loren (1934–) und Rock Hudson (1925–1985) verkörperten in den 60er Jahren die Hauptdarstellerin und den Hauptdarsteller in Hollywood schlechthin. Hier tanzen sie auf einer der vielen Filmgalas (*rechts*).

1964 Zwei der größten Hollywoodstars, Elizabeth Taylor und Richard Burton, bei den Dreharbeiten von *Becket* (*links*), der sowohl in künstlerischer als auch in finanzieller Hinsicht ein großer Erfolg war.

1968 Charlton Heston (1924–) wurde durch seine Hauptrollen in Monumentalfilmen wie *Die Zehn Gebote* oder *Ben Hur* bekannt. Hier (*vorige Seiten*) sehen wir ihn in einer Szene aus dem Sciencefiction-Film *Planet der Affen*.

1970-1979

1970 -1979

um 1977 Autor Alex Haley (1921–1992) errang mit seinem Buch *Wurzeln (Roots)* (1976) einen der größten literarischen Triumphe des Jahrzehnts. Hier sehen wir ihn bei den Dreharbeiten zur Fernsehadaption von *Roots* – einer Serie mit den höchsten Einschaltquoten aller Zeiten.

In den 70ern ging der Vietnamkrieg, der die Nation so lange gespalten hatte, endlich zu Ende. »Watergate« war nun plötzlich mehr als nur der Name eines luxuriösen Hotel- und Appartementkomplexes in Washington, und zum ersten Mal wurde ein amerikanischer Präsident zum Rücktritt gezwungen.

Die Zahl der weiblichen Anwälte, Doktoren, Professoren, Manager und Verwalter stieg beachtlich. Im Sport gewann der Afroamerikaner Arthur Ashe sowohl die Australian Open als auch in Wimbledon. Es waren auch die Jahre von »M.A.S.H.«, »All in the Family«, Flitzern, Michael Jackson, den Supremes, von *Rocky* und *Der Pate*. Doch über allem schwebte das Fest zu Amerikas 200. Geburtstag – eine Zweihundertjahrfeier von Küste zu Küste.

1977 In den späten 70ern traf sich die Prominenz im berüchtigten New Yorker Nachtklub »Studio 54« *(vorige Seiten)*. Die Dame im Smoking ist Bianca Jagger, Frau von Rockstar Mick Jagger. Rechts neben ihr: Andy Warhol und Liza Minnelli.

1974 Carroll O'Connor mit Jean Stapleton *(oben)* in einer Szene aus der beliebten Fernsehserie »All in the Family«. Mit seinen ständigen stereotypen Kommentaren und Sticheleien stellte O'Connors' Charakter, Archie Bunker, selbst ein Klischee dar.

1976 Amerikas überschwängliche Zweihundertjahrfeier war einer der Höhepunkte des Jahrzehnts. Hier tollt »Uncle Sam« *(rechts)* bei einer Parade in Philadelphia herum.

1977 Farrah Fawcett (1946–), die ihre Karriere mit Werbespots begonnen hatte, wurde durch die Serie »Drei Engel für Charlie« 1976 über Nacht zur Sensation. Obwohl das Ex-Mannequin nur in einer Staffel der Serie auftauchte, verkauften sich dank ihrer Popularität riesige Mengen von Farrah-Fawcett-Puppen und -perücken, Millionen legten sich »Farrah«-Frisuren zu.

um 1973 Jimmie »J.J.« Walker (1947–) kam in der South Bronx von New York zur Welt. Schon beim ersten Auftritt in Harlem erkannte er sein Talent, die Leute zum Lachen zu bringen. 1972 war er in Norman Lears Comedyserie »Good Times« dabei. »Dyn-o-mite!« wurde zum Slogan der 70er und das Magazin *Time* ernannte ihn zum Komiker des Jahrzehnts.

1975 Von ihrer ersten Folge an war die raue Latenight-Comedyshow »Saturday Night Live« eine der innovativsten und populärsten Fernsehsendungen. Hier sehen wir John Belushi (1949–1982) als den »Samurai« in einem Sketch mit dem Texter, Schauspieler und Regisseur Buck Henry (*oben*).

1975 Die auch heute noch beliebte Show »Saturday Night Live« (*rechts oben*) betrat nicht nur Neuland bei der Programmgestaltung, sondern bildete auch das Karrieresprungbrett für Dutzende künftiger Film- und Fernsehstars. Hier befinden sich (von links nach rechts) Al Franken, John Belushi, Gilda Radner und Lorraine Newman bei Dreharbeiten zu SNL.

um 1973 In den 70er Jahren setzten die größeren TV-Sender zunehmend auf die Morgennachrichten. Auf diesem Bild (*rechts*) sehen wir Jack Lescoulie, Hugh Downs, Barbara Walters und Frank Blair, die Stars der NBC-Sendung »Today«.

1972 Bill Cosby (1937–) veränderte die Art der Darstellung von Afroamerikanern im Fernsehen – zunächst durch seine Hauptrolle in der Serie »Tennisschläger und Kanonen«, dann mit seiner hochgelobten »Bill Cosby Show«, die jungen Schwarzen positive Rollenbilder lieferte. Hier sehen wir ihn *(oben)* mit dem berühmten Musiker Ray Charles.

um 1978 David Carradine (1936–), Sohn von Schauspieler John Carradine, tauchte in zahlreichen Filmen auf. Seinen größten Ruhm erlangte er freilich durch die Hauptrolle in der international beliebten Fernsehserie »Kung Fu« *(links)* aus den 70er Jahren.

um 1976 Die langlebige Fernsehserie »M.A.S.H.«, deren Wiederholungen immer noch Millionen begeistern, enthielt – über die witzigen Gags hinaus – eine kraftvolle Aussage gegen den Krieg. Hier *(rechts)* sehen wir die Darsteller Loretta Swit, Wayne Rogers, MacLean Stevenson und Alan Alda (am Lenkrad), der den liebenswert-schlitzohrigen Chirurgen »Hawkeye« spielte.

1975 In den 70ern setzten amerikanische Minderheiten ihren Kampf um Gleichberechtigung fort. Diese Gruppe (*oben*) demonstrierte für einen Zusatz zum Bürgerrechtsgesetz von 1964, der auch die Rechte der Schwulen berücksichtigen sollte.

1979 Der Mann im Priestergewand ist Reverend John Kuiper (*unten*). Die Richter des Staates New York verliehen ihm als erstem Schwulen das Recht, ein Kind zu adoptieren – was er bei einem Zug durch die Straßen feierte.

1975 Umzüge für die Rechte der Lesben und Schwulen waren bis 1975 in vielen amerikanischen Städten zu alljährlichen Spektakeln geworden. Diese Männer und Frauen (*rechts*) demonstrieren auf der 4th Avenue in New York.

OTA

1974 In den 70ern bekamen es die Amerikaner mit dem bizarren Phänomen der Blitzer und Flitzer zu tun. Hier flitzt eine junge Frau am 1. April, dem Tag der Narren, am Obersten Gerichtshof in Washington D.C. vorbei.

1971 In diesem Jahrzehnt gingen viele Demonstrationen für die Rechte der Frau über die Bühne. Diese junge Dame marschierte in einem Weltraumanzug bei einer Parade für die Befreiung der Frauen mit.

WOMENS
REVOLUTION
Reveal New

um 1972 Betty Friedan (1921–), eine Schriftstellerin und Anführerin der Feministinnen, wurde durch ihr Buch *Der Weiblichkeitswahn* (1963) bekannt. Die Gründerin und erste Präsidentin der NOW, der National Association of Women (1966), forderte neue gesellschaftliche Frauenrollen und kämpfte unermüdlich für die Durchsetzung des Gleichberechtigungszusatzes zur Verfassung.

1979 Die Feministin Gloria Steinem (1934–) war eine Leitfigur der Frauenbewegung *(links)*. Die Mitbegründerin der Zeitschrift *Ms.* war auch an zahlreichen Proteste gegen den Vietnamkrieg und die Rassendiskriminierung beteiligt.

1970 Die New Yorker Kongressabgeordnete Bella Abzug (1920–1998) spricht auf einer Kundgebung am Women's Strike for Equality Day *(rechts)*. »Battling Bella« rief sowohl die Frauenorganisation Women Strike for Peace als auch den National Women's Political Caucus ins Leben.

E.S.W.
HIT MAN 1
V.S.
JAMES AS TOY OF LIFE!
TOY
LSD
ROSS

1978 Bei seinen Farbbildern erzielte Ernst Haas starke Wirkungen durch den Einsatz von Glanzlichtern. Bei dieser Mardi-Gras-Karnevalistin kontrastierte er den knallroten Lippenstift und rosafarbenen Kragen der Frau auf dramatische Weise mit ihrer schwarzen Haut.

1974 In einer Szene, die auch den Titel »Freiheit von Konventionen« tragen könnte, spielen zwei langmähnige junge Männer vor einer mit Graffiti übersäten Wand im Central Park von New York eine Art Handball.

1979 Ernst Haas wusste brillant mit Farben umzugehen. Auf einem Volksfest zum 4. Juli in Maine freuen sich Kinder an ihren eisgekühlten Leckereien *(vorige Seiten)*.

um 1974 Als Herausgeberin von *Harper's Bazaar* und langjährige Chefredakteurin des Magazins *Vogue* beeinflusste Diana Vreeland (1901–1989), die »Hohepriesterin der Mode«, maßgeblich den Stil der Damenkleidung sowohl in den Vereinigten Staaten als auch im Ausland.

1978 Der amerikanische Jetset-Designer Roy Halston Frowick (1930–1990) setzte mit seinem lockeren Stil viele Trends (*oben*). Mit seinen unaufdringlichen Entwürfen gewann er zahlreiche Preise, darunter vier der begehrten Coty Awards.

1970-79

um 1970 New York City pulsiert vor Energie – niemals wird dies offensichtlicher als in der Nacht, wenn buchstäblich Millionen von Lichtern den Himmel blenden. Dieses absichtlich verwackelte Foto von Ernst Haas verstärkt noch die brillante Wirkung.

um 1970 Georgia O'Keeffe (1879–1986), eine Pionierin der abstrakten Kunst, wurde durch ihre kargen Gemälde von Blumen und der Landschaft New Mexicos bekannt. Viele berühmte Fotografen, darunter auch ihr Ehemann Alfred Stieglitz, lichteten ihre markanten Gesichtszüge ab.

um 1973 Andy Warhol konzentrierte sich in den 70ern auf Prominentenporträts – von Elizabeth Taylor bis Mao Tse-tung. Von 1969 bis zu seinem Tod gab er das Monatsmagazin *Interview* heraus, in dem es um die neueste Mode, Filme, Musik, Kunst und Stars ging – Warhols Welt eben.

1978 Highschool-Abbrecher Harold Robbins (1916–1997) wurde mit einer Reihe von pikanten Bestseller-Romanen über die Hochfinanz, Hollywood und das Leben auf den Straßen berühmt und sehr reich. Sein Buch *Die Unersättlichen* (1961) verkaufte sich mehr als sechs Millionen Mal.

um 1975 Kurt Vonnegut (1922–) wurde weltweit für sein Buch *Schlachthof 5 oder der Kinderkreuzzug* (1969) gefeiert, das auf seinen Erfahrungen als Kriegsgefangener im Zweiten Weltkrieg basiert. Zu Vonneguts Romanen, meist satirische Fantasien, zählen ferner *Player Piano* (1952), *Katzenwiege* (1963), *Zielwasser* (1982) und *Hokus Pokus oder Wohin so eilig* (1990).

1974 Amerikas gigantische Fortschritte im Weltall setzten sich in den 70er Jahren weiter fort. Hier umkreist *Skylab*, die erste Weltraumstation des Landes, mit ausgefahrenen Sonnensegeln die Erde.

1972 Auf diesem Bild hielt ein NASA-Fotograf den Start der *Pioneer-19*-Rakete zu ihrer Jupitermission fest. Nachdem die Sonde den Planeten passiert hatte, flog sie weiter aus dem Sonnensystem hinaus und als erstes terrestrisches Gefährt in den interstellaren Weltraum hinein.

1973 Wie kein anderer Konflikt spaltete der lange und erbitterte Vietnamkrieg das Land. Das Foto zeigt, wie das Vietnam-Friedensabkommen am 23. Januar 1973 in Paris schließlich und endlich unterzeichnet wurde (*oben*).

1970 Henry Kissinger (1923-) wurde 1969 Präsident Richard Nixons Berater für Fragen der nationalen Sicherheit und war der Chefunterhändler in den Gesprächen, die den Vietnamkrieg schließlich beendeten. Kissinger (*unten*) diente unter den Präsidenten Nixon und Ford als Außenminister.

1975 Nach dem offiziellen Ende des Vietnamkriegs stieß Amerika einen riesigen kollektiven Seufzer der Erleichterung aus. Hier (*rechts*) feiert eine große Menschenmenge im Central Park von New York das Ende der Auseinandersetzung.

THE WAR
IS OVER!
MAY, 1975

1972 Der amerikanische Gewerkschaftsführer George Meany (1894–1980) spricht auf einer Arbeiterversammlung (*oben links*). Meany wurde 1952 zum Präsidenten der American Federation of Labor gewählt, von 1955 bis 1980 stand er zudem der kombinierten AFL-CIO vor.

um 1972 Shirley Chisholm (1924–) wurde als erste Afroamerikanerin ins Repräsentantenhaus der USA gewählt (*oben rechts*). Als erste schwarze Frau bewarb sie sich auch 1972 als Rektorin der Columbia University, wo sie graduiert hatte.

1972 In den 70er Jahren wurden sich die amerikanischen Bürger über das Elend der Indianer immer bewusster. Aus Protest gegen die Behandlung der Ureinwohner Amerikas durch die Regierung stellte man dieses Tipi (*rechts*) vor dem Büro für Indianerangelegenheiten in Washington D.C. auf.

1970 Der Politaktivist Abbie Hoffman (1936–1989) hält bei einer Kunstschau zum Thema Flaggen in der Hudson Memorial Church von New York City eine Rede (*links*). Zusammen mit Jerry Rubin gründete er im Jahre 1968 die radikale Youth Party International (Yippies).

1978 Die als »Colorado Gold« bekannten Zitterpappeln, die auf den Hängen der Rocky Mountains in Colorado wachsen, bieten einen atemberaubenden Anblick.

um 1970 Ernst Haas konnte Schönheit auch in den gewöhnlichsten Objekten abbilden. Hier *(vorige Seiten)* fotografierte er Telefonmasten in der Wüste zwischen Los Angeles und Las Vegas.

1976 Ein angestrahltes Kreuz und die Mondsichel sorgen auf diesem Foto, das Ernst Haas in der Dunkelheit von Palm Springs (Kalifornien) aufnahm, für einen dramatischen Effekt.

1978 Zu den spektakulärsten Farbbildern von Ernst Haas gehört diese Aufnahme hoher Wanderdünen, die ihm im Great Sand Dunes National Monument (*folgende Seiten*) am Fuße der Sangre-de-Cristo-Berge gelang.

um 1974 Urlaub bei Mutter Natur war in den 70ern für Millionen Amerikaner zu einer der beliebtesten Erholungsarten geworden. Diese Urlauber machen es sich in einem der vielen Wohnwagenparks gemütlich.

1970 Um die Schönheit des Grand Canyon angemessen darzustellen, stieg Ernst Haas mit seiner Kamera tief hinunter bis zur Talsohle, wo er dieses einzigartige Bild nahezu aus der Froschperspektive aufnehmen konnte.

um 1975 Der Produzent und Komponist Jacques Morali erfand die aufgemotzte, wild kostümierte Gruppe Village People – und damit eine internationale Sensation in den Tagen der Diskomusik. »Macho Man«, »Y.M.C.A.« und »In the Navy« schafften es bis an die Spitze der Charts – am Ende der 70er Jahre hatten die Village People über 65 Millionen Platten verkauft.

1976 Amerikas Zweihundertjahrfeier bot den Fotografen im ganzen Land reichlich reizvolle Motive. Diese Sousaphonspieler der US-Army-Band (*vorige Seiten*) marschierten die Constitution Avenue von Washington hinunter.

THE
VILLAGE
PEOPLE

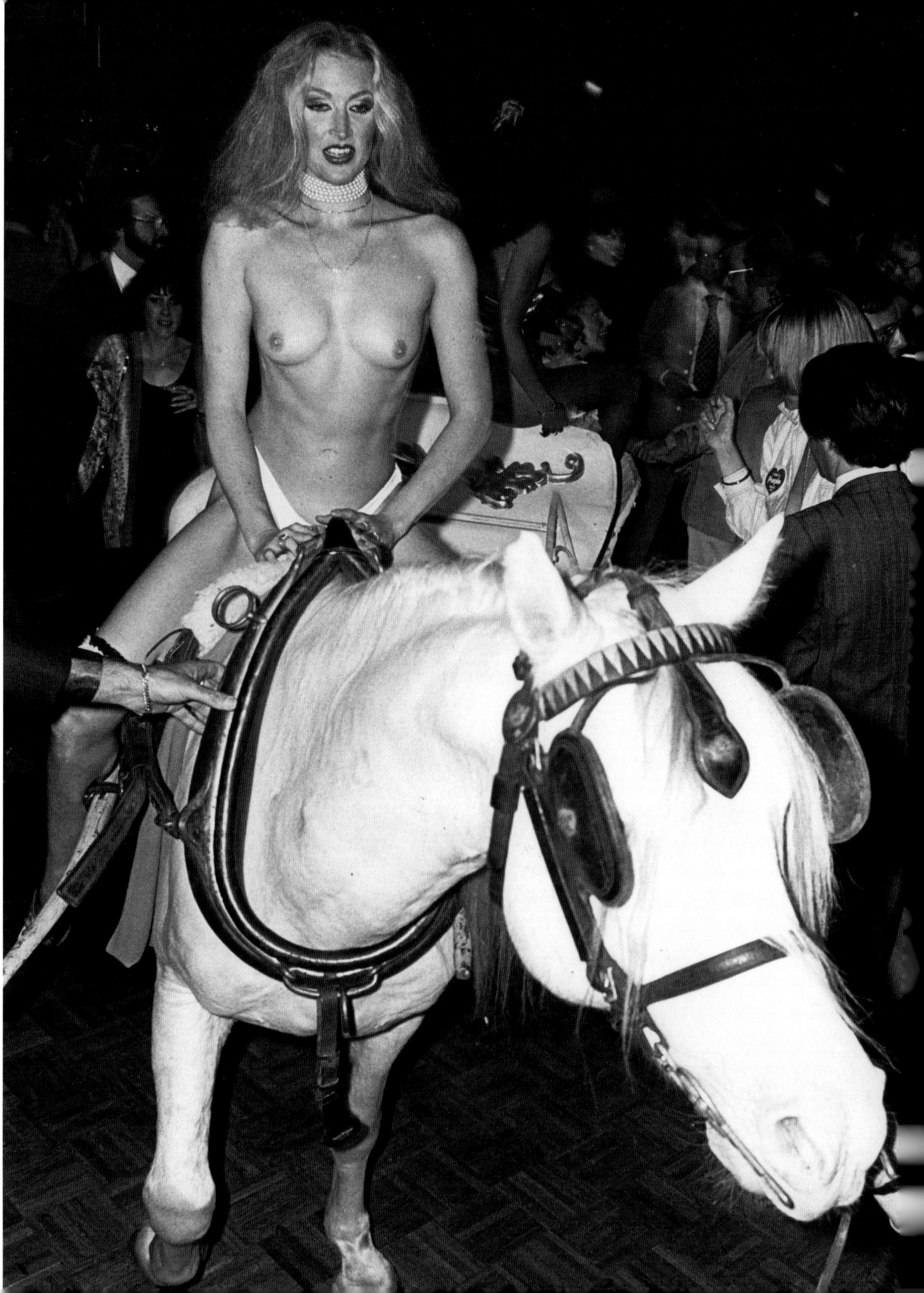

1977 Bei dem Smokingträger, der sich im Studio 54 *(oben)* vergnügt, handelt es sich um den berühmten Tänzer Michail Baryschnikow (1948–). Rechts neben ihm sitzen die Schauspielerinnen Shirley MacLaine (1934–) und Farrah Fawcett (1946–).

1979 Donna Summer (1949–) bestimmte die Popmusikgeneration der 70er. Mit Hits wie »Last Dance«, »MacArthur Park« oder »Dim All the Lights« brachte die Disco-Queen die Leute dazu, die Nächte durchzutanzen.

1978 New Yorks Studio 54 war mehr als nur ein Nachtklub mit guter Musik. Er war ein einziges Happening, und die Glücklichen, die sich Zutritt verschafft hatten, konnten niemals sicher sein, was ihnen im Laufe der Nacht noch begegnen würde – hier war es Lady Godiva (*links*).

um 1972 Er war älter geworden, er war schwerer geworden, und einige seiner Auftritte gingen etwas daneben – doch trotz all der Newcomer war Elvis noch immer der »King«.

um 1975 Yoko Ono (1933–) rückte 1969 in den Blickpunkt der Aufmerksamkeit, als sie Beatle John Lennon ehelichte. Mit ihrem Mann arbeitete die Künstlerin und Sängerin eng in der Friedensbewegung zusammen.

um 1979 Für viele Rockfans galt die Devise: Je lauter die Musik, je schriller die Kostümierung, je ausgeflippter die Show, desto besser. Hier (*oben*) sehen wir Bassist Gene Simmons und Rhythmusgitarrist Paul Stanley von der überaus beliebten Rockgruppe Kiss.

1970 Frank Zappa (1940–1993), ein avantgardistischer Rockmusiker und Komponist (*rechts*), war der Kopf der »Underground«-Band Mothers of Invention. Als Filmemacher wurde er mit dem Film *200 Motels* bekannt, für den er auch die Musik schrieb. Viele der klassischen Kompositionen Zappas wurden von herausragenden Dirigenten aufgeführt.

um 1979 Soulmusik erlangte in den 70er Jahren neue Beliebtheit. Mit seiner unverwechselbar samtig-rauen Stimme und Platin-Hits wie »You're the First, the Last, My Everything«, »Never, Never, Gonna Give Ya Up« oder »Can't Get Enough of Your Love, Babe« beglückt Barry White (1944–) nach wie vor Liebende auf der ganzen Welt (*links*).

Mario
Valvoline
GOODYEAR
NGK
5
OLYMPUS
CAMERAS

1978 Autorennen begeisterten auch in den 70ern Millionen von Zuschauern. Hier drückt der legendäre Pilot Mario Andretti (1940–) beim Grand Prix von Großbritannien auf die Tube.

1979 Als der Profi-Football mit der Popularität des Major-League-Baseballs zu konkurrieren begann, wurden auch die Footballstadien immer größer und komfortabler. Dies ist der Superdome in New Orleans.

SAINTS

um 1972 Nolan Ryan (1947–), der als einer der schnellsten Ballschleuderer aller Zeiten gilt, pitchte mehr No-Hitter (sieben) als jeder andere Spieler in der Geschichte des Baseballs. Hier grüsst er mit seiner Mütze die Menge, nachdem er ein weiteres No-Hit-Match knapp verpasst hat.

um 1970 Der als »Terrific Tom« bekannte Tom Seaver (1944–) hat eine brillante 20-jährige Laufbahn als Pitcher hinter sich, hauptsächlich war er dabei für die New York Mets und die Cincinnati Reds aktiv. Seaver gewann 311 Spiele sowie drei Cy-Young-Awards und wurde im Jahre 1992 in die Baseball Hall of Fame gewählt.

0 1 0
0 0 0
0

1974 Regisseur und Drehbuchautor Francis Ford Coppola (1939–) *(oben)* wurde vor allem durch die überaus erfolgreiche Filmtrilogie *Der Pate* bekannt. Darüber hinaus drehte Coppola u.a. *Apocalypse Now*, *Cotton Club* und *Bram Stoker's Dracula*.

1976 Al Pacino (1940–), der als einer der einfühlsamsten Schauspieler Hollywoods respektiert wird, spaziert die New Yorker Madison Avenue herunter *(rechts)*. Zu seinen Filmen gehören *Der Pate* I, II und III, *Serpico*, *Hundstage* und *Dick Tracy*. Für seine Rolle als blinder Lieutenant Colonel in *Der Duft der Frauen* gewann Pacino 1992 den Oscar.

1974 Der gefeierte Schauspieler Robert De Niro (1943–) erhielt für seine Rollen in *Der Pate II* und *Wie ein wilder Stier* den Oscar. Zu seinen vielen Filmen zählen ferner *Taxi Driver*, *Die durch die Hölle gehen*, *Zeit des Erwachens*, *Casino* und *Sleepers*. De Niro, mittlerweile Besitzer einer eigenen Produktionsgesellschaft, begann seine Regielaufbahn mit dem Film *In den Straßen der Bronx* (1992), in dem er auch die Hauptrolle spielte. Hier sehen wir ihn *(mit Weste)* mit Regisseur Francis Ford Coppola bei den Dreharbeiten zu *Der Pate II* *(links)*.

1974 Niemals zuvor hatten Kinogänger einen derart furchteinflößenden und ekelerregenden Film wie *Der Exorzist* gesehen, bei dem William Friedkin (1939–) Regie führte. Millionen verkrochen sich in ihren Kinosesseln, als ein junger Priester einem zwölfjährigen Mädchen den Teufel auszutreiben versuchte. Hier gibt Friedkin dem Jungstar des Films, Linda Blair, einige Anweisungen.

um 1978 ***Asphalt-Cowboy*** war ein riesiger Kassenerfolg und gewann zudem den Oscar für den besten Film. Hier zeigen sich die beiden Stars des Streifens, John Voight (1938–) und Dustin Hoffman (1937–), auf einem der zahlreichen Filmempfänge.

1979 Schauspieler und Regisseur Robert Redford (1937–) war lange Zeit einer der beliebtesten Stars. Zu seinen besten Filmen zählen *Zwei Banditen*, *Der Clou*, *So wie wir waren*, *Die Unbestechlichen* und *Jenseits von Afrika*. 1980 gründete er das Sundance-Institut, das junge Schauspieler fördert und als Sponsor des jährlichen Sundance-Filmfestivals in Park City (Utah) auftritt.

um 1975 Clint Eastwood (1930–) startete seine Filmkarriere Mitte der 60er Jahre mit Spaghetti-Western. Später drehte er u.a. die *Dirty Harry*-Reihe, *Sadistico, Die Brücken am Fluss* und *Absolute Power.* Mit dem Film *Erbarmungslos* gewann er 1992 zwei Oscars als bester Regisseur und bester Hauptdarsteller.

1979 Sigourney Weaver (1949–) lugt in Ridley Scotts ultimativem Monsterfilm *Alien* aus ihrem Weltraumhelm. Der Star dreier *Alien*-Sequels spielte ferner in Filmen wie *Ein Jahr in der Hölle, Gorillas im Nebel* oder *Der Eissturm.*

1977 George Lucas' (1944–) archetypisches Meisterwerk *Krieg der Sterne* veränderte das Filmemachen für immer – die monumentale Weltraumoper verpackte die klassische Gut-gegen-Böse-Story in einen Blockbuster mit bis dato ungesehenen Spezialeffekten, der das Genre weit hinter sich ließ. *Krieg der Sterne* ist der vierte von sechs Teilen einer Filmreihe, zu der auch *Das Imperium schlägt zurück* (Teil fünf) und *Rückkehr der Jedi-Ritter* (Teil sechs) gehören. Außerdem war er einer der einträglichsten Filme aller Zeiten. In dieser Szene bereiten sich einige Mitstreiter der »Macht« auf die Schlacht gegen die »Dunkle Seite« vor. Von links nach rechts: Peter Mayhew (Chewbacca), Mark Hamill (Luke Skywalker), Alec Guinness (Ben [Obi-Wan] Kenobi) und Harrison Ford (Han Solo).

1974 Woody Allen (1935–) ist einer der produktivsten Regisseure und Komödienstars Hollywoods. Zu seinen vielen Filmen zählen *Bananas*, *Der Stadtneurotiker*, *Hannah und ihre Schwestern*, *Ehemänner und Ehefrauen* oder *Bullets over Broadway*. Hier sehen wir ihn mit Diane Keaton in *Die letzte Nacht des Boris Gruschenko*, bei dem Allen für Drehbuch und Regie verantwortlich war.

1974 Jack Nicholson (1937–) ist mit Filmen wie *Chinatown*, *Shining*, *Die Ehre der Prizzis*, *Batman* oder *Eine Frage der Ehre* lange Zeit einer der größten Stars Hollywoods gewesen. Oft wurde »Jack« für den Academy Award nominiert, für seine Darstellungen in *Einer flog über das Kuckucksnest*, *Zeit der Zärtlichkeit* und *Besser geht's nicht* gewann er dann auch jeweils einen Oscar.

1976 Jodie Foster (1962–) als zwölfjährige Prostituierte in *Taxi Driver*. Bei den Hauptrollen in diesem Film sowie in *Bugsy Malone* war sie erst 14 Jahre alt. Für *Das Schweigen der Lämmer* und *Angeklagt* erhielt Foster den Oscar.

1980-1989

1980 -1989

1988 Carl Lewis (1961–) segelt beim Olympischen Weitsprung von Seoul (Südkorea) durch die Lüfte. Der amerikanische Leichtathletik-Star holte sich in diesem Wettbewerb die Goldmedaille.

In den 80ern wurde ein Filmstar aus Hollywood Präsident der USA, der Oberste Gerichtshof begrüßte seine erste Richterin und erstmals kandidierte bei einer großen Partei eine Frau für das Amt des Vize-Präsidenten. Die Nation feierte den 100. Geburtstag der Freiheitsstatue und der Computer wurde im Leben der Amerikaner unentbehrlich.

Jimmy Connors und John McEnroe waren die Könige des Tennisplatzes, Jack Nicklaus beherrschte die Fairways und hoch über dem Korb schwebte der junge Michael Jordan. Rap kam auf, Bruce Springsteen und Madonna rissen Konzertbesucher mit, das Vietnam Memorial wurde eingeweiht und Millionen schalteten Woche für Woche den Fernseher ein, um herauszufinden, was ein Typ namens J.R. Ewing als Nächstes tun würde.

1986 Der Himmel war erfüllt von Jubelrufen und Feuerwerkskörpern (*vorige Seiten*), als die Nation den 100. Jahrestag der Aufstellung der Freiheitsstatue im Hafen von New York feierte.

1985 Präsident Ronald Reagan (1911–) bei einem Treffen mit Sowjetführer Michail Gorbatschow im Weißen Haus (*oben*). 1980 wurde der frühere Hollywoodschauspieler und Gouverneur von Kalifornien zum 40. Präsidenten der Nation gewählt.

um 1980 Die Fernsehserie »Dallas« war nicht nur in den USA ein Riesenerfolg. Sie war gekennzeichnet durch die zwielichtige Hauptfigur J.R. Ewing, die von Larry Hagman (*rechts*) gespielt wurde, und das offene Ende der letzten Episode jeder Staffel.

1985 Keith Haring (1958–1990) schuf unverwechselbare Graffiti. Seine grafischen, symbolhaften Bilder mit tanzenden Figuren, Hunden und Babys – tauchten erstmals in den frühen 80ern in U-Bahnen und auf Straßenschildern von New York City auf. Nachdem er international erfolgreich geworden war, wurden seine großformatigen Werke in vielen Museen und an öffentlichen Orten gezeigt. Hier arbeitet er an einem riesigen Gemälde für den New Yorker Nachtklub Palladium.

1980 Bildhauerin und Grafikerin Louise Nevelson (1899–1988) begann ihre Karriere als Assistentin des mexikanischen Wandmalers Diego Rivera. Bekannt wurde sie vor allem durch ihre abstrakten vertikalen Holzskulpturen.

um 1985 Jean-Michel Basquiat (1960–1988) besaß zwar keine formale Ausbildung, doch in den 80ern etablierte sich der talentierte ehemalige Graffitikünstler in der Galerieszene New Yorks. In seinen bunten, naiv anmutenden Gemälden vereinte er die Bilderwelten des alten Ägypten, der afrikanischen und der Volkskunst.

1980-89

um 1980 Geraldine Ferraro (1935–) war eine erfolgreiche Rechts- und stellvertretende Bezirksstaatsanwältin, bevor sie 1981 ins Repräsentantenhaus der USA gewählt wurde. Drei Jahre später ging Ferraro in die Geschichte ein, denn sie wurde als erste Frau einer bedeutenden politischen Partei zur Vize-Präsidentschaftskandidatin (unter Walter Mondale) erkoren.

1980 Ronald Reagan bewarb sich 1968 und 1976 jeweils erfolglos als Präsidentschaftskandidat der Republikaner. Im Jahre 1980 setzte er sich jedoch bei der Nominierung durch und besiegte bei den Wahlen schließlich auch den Amtsinhaber Jimmy Carter. Reagan, der 40. Präsident der Nation, ist hier mit seiner Frau Nancy im Wahlkampf von 1980 zu sehen.

1980 Edward Kennedy (1932–), der jüngere Bruder von John und Robert Kennedy, wurde 1962 für Massachusetts in den US-Senat gewählt und hat in diesem Amt seither vieles bewirkt. Kennedy befürwortete zahlreiche Gesetzesvorlagen, die auf die Unterstützung Benachteiligter abzielten.

1988 Reverend Jesse Jackson (1941–), eine Schlüsselfigur in der Bürgerrechtsbewegung der 60er Jahre, ist ein wortgewandter Fürsprecher der Afroamerikaner geblieben. Sowohl 1984 als auch 1988 kandidierte Jackson für die Präsidentschaft und führte somit als erster Afroamerikaner einen ernsthaften Wahlkampf um dieses Amt.

1981 Sandra Day O'Connor (1930–) wurde die erste Richterin am Obersten Gerichtshof der USA. Zuvor war sie stellvertretende Generalstaatsanwältin und Richterin am Berufungsgericht von Arizona gewesen. Hier sehen wir O'Connor vor dem US-Senat während ihrer Anhörung zur Bestätigung im Amt.

1981 Auch in den 80ern arbeitete Ernst Haas weiter an seinem fantastischen Farbporträt Amerikas. Hier (*vorige Seiten*) fing er die durch trocknende Wäsche erzeugte farbenfrohe Kompostion aus vertikalen und diagonalen Linien ein.

1981 Bei einer Runde auf der »Loch Ness Monster«-Achterbahn in Virginias Busch Gardens schreien Teenager vor Freude. Bei der Fahrt erreichte man eine Geschwindigkeit von ca. 100 Kilometern pro Stunde.

1980 Haustiere gibt's in allen Größen, Gestalten und Formen. Hier nimmt ein Skater seine Boa constrictor mit auf eine Spritztour durch Santa Barbara (Kalifornien).

AIRLINES
WES
N2
AIRLINES
N22SW

um 1987 Jede größere Stadt besitzt ihre Wahrzeichen. Seit mehr als 100 Jahren gehören die Cable Cars von San Francisco bei Touristen und auch Einheimischen zu den beliebtesten Attraktionen.

um 1980 Neue Fluglinien, die durch ihren reduzierten Service niedrige Flugpreise anbieten konnten, begannen an der Vormachtstellung der größeren Fluggesellschaften zu kratzen. Diese Stewardessen waren für die Southwest Airlines tätig.

1981 Stets waren Fotografen fasziniert von den Strukturen und Stimmungen, die Schnee in der Landschaft erzeugt. Diese winterliche Szene *(folgende Seiten)* fand Ernst Haas auf einer Straße in New York City.

1982 Das Vietnam Veterans Memorial in Washington D.C. ist von Anfang an eines der meistbesuchten und bewegendsten nationalen Denkmäler gewesen. Die rund 150 Meter lange Granitwand wurde von der 21-jährigen Architekturstudentin Maya Lin entworfen. Dieses Foto entstand 1982 bei der Einweihung der Gedenkstätte.

1980-89

1985 **Der Mount McKinley** in Alaska, benannt nach dem US-Präsidenten William McKinley, ist mit einer Höhe von 6.193 Metern die höchste Erhebung in Nordamerika. Amerikanische Ureinwohner nennen den Gipfel *Denali* (»der Hohe«). Der das ganze Jahr über schneebedeckte Gipfel bietet einen majestätischen Anblick.

um 1980 Das Monument Valley in Arizona war für Hunderte von Jahren die Heimat der amerikanischen Ureinwohner vom Volk der Navajo. Dieses Porträt einer Navajo-Frau stammt von Ernst Haas.

um 1985 Dieses eindrucksvolle Bild riesiger, weihnachtlich dekorierter Saguaro-Kakteen nahm Fotograf Tom Bean außerhalb von Phoenix (Arizona) auf.

um 1985 Wie »Dallas« lockte auch der »Denver Clan« Millionen TV-Zuschauer an, und auch bei dieser Serie ging es um eine schwerreiche Familie. Hier sehen wir zwei der Stars (*oben*): Joan Collins (1933–) spielte die durchtriebene Alexis Colby, John Forsythe (1918–) ihren Ex-Gatten, den Familienpatriarchen Blake Carrington.

1980 Robert Wagner (1930–) und Stefanie Powers (1942–) bei Dreharbeiten von »Hart aber herzlich« (*links*). In diesem TV-Serienhit spielten sie ein reiches Ehepaar, das sich in seiner Freizeit als Amateurdetektiv versuchte.

1985 Don Johnson und Phillip Michael Thomas lachen auf dem Set von »Miami Vice« in die Kamera (*rechts*). Nach Meinung von Fernsehkritikern spiegelte die Actionserie vortrefflich den Look und Sound der 80er, und NBC-Präsident Brandon Tartikoff bezeichnete sie nicht von ungefähr als »MTV-Cops«.

um 1982 Die »Tonight Show«, die erstmals 1954 auf NBC ausgestrahlt wurde, ist einer der langlebigsten und profitabelsten Programmhits des Fernsehens. Als Gastgeber fungierten zunächst Steve Allen (1921–) und ab 1957 Jack Paar, der das Zepter 1962 an Johnny Carson (1925–) übergab. Hier plaudert Carson (rechts), der die Show 30 Jahre lang in neue Höhen führte, mit Ed McMahon, der in der Show eine Kumpelrolle innehatte (*oben*).

1987 Johnny Carson glänzte als Gastgeber der »Tonight Show« mit wachem Verstand und der einzigartigen Gabe, seinen Gästen die Befangenheit zu nehmen. Hier (*rechts*) erscheint er mit Frau Alexis zu seiner Aufnahme in die Hall of Fame der Television Academy.

um 1985 In den 80er Jahren brachte CBS endlich eine Late-Night-Sendung heraus, die es mit der »Tonight Show« von NBC aufnehmen konnte. »The Late Show with David Letterman« übertraf alle Einschaltquoten und etablierte Letterman (1947–) als internationale Berühmtheit. Hier (*links*) versucht er auf der Straße vor seinem Studio einen von Tennisstar Andre Agassi geschlagenen Ball zurückzuschlagen.

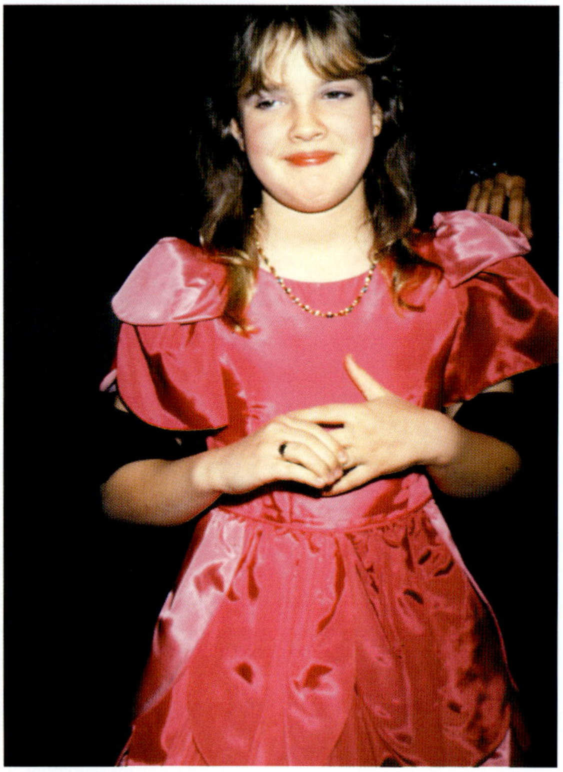

1982 Dieser junge Mann ist dabei, einer der erfolgreichsten und angesehensten Regisseure und Produzenten aller Zeiten zu werden. Steven Spielberg (1947–) schuf Kinohits wie *Der weiße Hai, Jäger des verlorenen Schatzes, E.T. – Der Außerirdische* (*oben*, bei Dreharbeiten), *Die Farbe Lila* und *Jurassic Park*. *Schindlers Liste* (1993) gewann sieben Oscars, u.a. für den besten Film und die besten Regie.

um 1984 Drew Barrymore (1975–) mit neun Jahren (*links*). Die Tochter von Schauspieler John Barrymore jr. trat bereits im Alter von neun Monaten in einem TV-Werbespot auf. Ihre Filmkarriere begann mit einer der Hauptrollen in Steven Spielbergs *E.T. – Der Außerirdische*.

1985 Eddie Murphy (1961–) blickt auf eine äußerst erfolgreiche Laufbahn als Alleinunterhalter, »Saturday Night Live«-Stammgast und Kinostar zurück (*rechts*). Die meisten seiner Filme, darunter *Die Glücksritter, Beverly Hills Cop* oder *Der verrückte Professor*, waren große Kassenschlager.

1984 Ernst Haas schuf mit dieser Aufnahme von Pelikanen (*vorige Seiten*), die sich auf einer Mole im südlichen Florida aufreihen, einen bemerkenswerten blau-weißen Kontrast.

1981 Drei Topkünstlerinnen des Landes lassen sich auf dem Set ihres Filmhits *Warum eigentlich bringen wir den Chef nicht um?* ablichten. Von links nach rechts: die Sängerin und Schauspielerin Dolly Parton (1946–), Schauspielerin Jane Fonda (1937–) und die Film- und Fernsehkomödiantin Lily Tomlin (1939–).

1981 Meryl Streep (1951–) ist im Laufe ihrer hervorragenden Filmkarriere fast ständig für den Academy Award nominiert worden. Für ihre Titelrolle in *Sophies Entscheidung* erhielt sie den Oscar, für die TV-Miniserie *Holocaust* ferner einen Emmy Award. Zu ihren weiteren Filmen gehören u.a. *Die durch die Hölle gehen, Die Geliebte des französischen Leutnants, Kramer gegen Kramer* und *Die Brücken am Fluss*.

1981 Von 1976 bis 1981 tummelten sich die Muppets, heißgeliebt von Millionen Fans aller Altersgruppen, in der morgendlichen Kindersendung »Sesamstraße«. Die von Jim Henson (1936–1990) erschaffene »Muppet Show« wurde in den 80ern zur beliebtesten Serie aller Zeiten, die von TV-Sendern rund um die Welt übernommen wurde. Hier *(oben)* sehen wir Gonzo und Kermit, zwei der populärsten Muppets, in dem Film *Die große Muppet-Sause*.

1981 Die glamouröse Miss Piggy *(rechts)* schmachtet in einer Szene aus *Die große Muppet-Sause* – glamourös wie immer – im Gefängnis.

1980 Die beiden Hühnchen auf diesem Werbefoto für den Film *Zwei wahnsinnig starke Typen* gehörten zu den erfolgreichsten Künstlern der 80er Jahre *(links)*. Links Gene Wilder (1935–), zu dessen Filmen *Frühling für Hitler, Is' was, Sheriff?* und *Die Frau in Rot* zählen, rechts Richard Pryor (1940–), den Star aus *Lady Sings the Blues, Superman II* und *Harlem Nights*.

1986 Der als Meat Loaf (»Fleischklops«) bekannte Sänger Marvin Lee Aday brachte 1977 in Zusammenarbeit mit dem Komponisten Jim Steinman das Topseller-Album *Bat of Hell* heraus. Drei Singles aus dem bombastischen Rockspektakel schafften es in die Top 40, darunter auch »Paradise by the Dashboard Light«. Das Nachfolgealbum von 1993, *Bat Out of Hell: II,* war fast ebenso erfolgreich und verkaufte sich über fünf Millionen Mal.

1983 Jessye Norman (1945–), die Sopranistin mit der ebenso klangvollen wie umfangreichen Stimme, hat bei ihren Konzerten und als Star der New Yorker Metropolitan Opera Millionen und Abermillionen Liebhaber klassischer Musik begeistert. Hier sehen wir sie in einer Aufführung von Berlioz' *Les Troyens*.

1981 Sänger, Songwriter und Produzent James Brown (1928–), auch »Soul Brother Number One« und »Grandfather of Soul« genannt (*oben*), verdiente sich mit dem Song »Out of Sight« die ersten internationalen Sporen. Sein »Say It Loud, I'm Black and I'm Proud« wurde zu einer Hymne der Afroamerikaner.

1983 Soulsänger Marvin Gaye (1939–1984) trat schon im Alter von 15 mit der Band The Rainbows auf (*links*). Hits wie »I Heard It through the Grapevine« oder »Midnight Love« machten ihn zu einem der beliebtesten Künstler der 80er.

1981 Mit dem Rhythm-and-Blues-Duo »The Ike and Tina Turner Revue« feierte Wirbelwind Tina Turner (1939–) ihre ersten Erfolge. Dank ihrer markanten Stimme schafften es Hits wie »River Deep, Mountain High« oder »Proud Mary« bis an die Spitze der Charts. Eben dorthin kehrte Tina (*rechts*) in den 80ern mit dem Platin-Album *Private Dancer* (1984) auch wieder zurück. Ihre erfolgreiche Autobiografie *I, Tina* wurde unter dem Titel *What's Love Got to Do with It?* verfilmt (1993).

Premier

um 1980 Das ehemalige Top-Model Deborah (Debbie) Harry gründete in den 70er Jahren mit ihrem Freund Chris Stein die New-Wave-Band Blondie, eine der einfallsreichsten Gruppen der New Yorker Szene. Ihre Mischung aus Punk- und Disko-Sound mit Titeln wie »Heart of Glass«, »Call Me« oder »Rapture« war für die Amerikaner etwas völlig Neues.

1985 Madonna Louise Veronica Ciccone (1958–) ist im Umgang mit den Medien der vielleicht cleverste Popstar. Ihre Hits, z.B. »Like a Virgin« oder »Material Girl«, und provokanten Videos regten Millionen Mädchen an, sich mit Perlen und Dessous zu schmücken. Auch in den 90ern brach sie gerne gesellschaftliche Normen.

1983 Die Talking Heads (*oben*) mischten Funk, klassische Musik und afroamerikanischen Rhythmen zum aufregendsten tanzbaren New Wave der 80er Jahre. Ihr Album *Speaking in Tongues* (1983) war ein Verkaufshit, und 1984 drehten sie mit Regisseur Jonathan Demme den Film *Stop Making Sense*. Von links nach rechts: Leadsänger David Byrne, Jerry Harrison, Tina Weymouth und Chris Frantz.

1981 Prince Rogers Nelson (1960–), der Welt auch als Prince bekannt, gehört zu den einflussreichsten Gestalten der Rockgeschichte. Seine enorm kreative Verschmelzung von Pop, Funk und Rock erweiterte die Grenzen dieser Musikgenres. Er komponierte, arrangierte und produzierte seine Platten, oft spielte er dabei auch alle Instrumente. Für den autobiografischen Film *Purple Rain*, in dem er die Hauptrolle spielte, gewann er einen Filmmusik-Oscar.

um 1985 In den 80ern verwandelte sich das Motown-Wunderkind Michael Jackson in den selbsternannten, aber allgemein anerkannten »King of Pop« (*links*). Durch seine Alben *Thriller* (eine der populärsten Platten aller Zeiten) und *Bad* sowie die spektakulär choreografierten Videos und Live-Auftritte wurde er zu einem der berühmtesten und reichsten Künstler der Welt.

um 1985 Bruce »the Boss« Springsteen (1949–) stieg in den 80er Jahren zu einem der weltweit beliebtesten Rockstars auf und schaffte es als einer der wenigen Rockmusiker bis auf die Titelblätter der Magazine *Time* und *Newsweek*. Seine Hitalben in jenen Jahren hießen *The River*, *Born in the USA* und *Tunnel of Love*.

um 1980 Cher wandte sich in den 80ern der Schauspielerei zu und übernahm Hauptrollen in Filmen wie *Silkwood*, *Die Maske*, *Die Hexen von Eastwick* oder *Mondsüchtig*, für den sie einen Oscar als beste Darstellerin gewann. 1987 kehrte Cher ins Tonstudio zurück und holte mit *Cher* einmal Gold, mit *Heart of Stone* (1989) zweimal Platin.

1987 Toni Morrison (1931–) gilt als eine der sprachgewaltigsten afroamerikanischen Schriftstellerinnen der Moderne (*links*). Sie schrieb die Romane *Solomons Lied* (1977), *Teerbaby* (1981) und *Menschenkind* (1988), für den sie den Pulitzerpreis erhielt. 1993 gewann sie den Nobelpreis für Literatur.

1984 Stephen King (1946–) lässt sich für ein Spaßfoto mit seinem Sohn (*unten*) ablichten. Kings Horrorromane wie *Carrie* (1974), *Shining* (1978), *Christine* (1983) oder *Dolores* (1992) waren stets phänomenale Verkaufsschlager, mehrere seiner Bücher wurden zudem erfolgreich verfilmt.

1980 Norman Mailers (1923–) Erstling *Die Nackten und die Toten* (1948) etablierte ihn sogleich als außergewöhnlichen Romancier (*oben*). Für *Heere aus der Nacht* (1968) und *Das Lied vom Henker* (1980) erhielt er jeweils den Pulitzerpreis, ferner schrieb er *Frühe Nächte* (1983) und *Harte Männer tanzen nicht* (1984).

1980-89

1984 Die Computerrevolution ging auf das schöpferische Genie einiger brillanter junger Männer zurück, die die Welt von Information, Kommunikation und Geschäft für immer verändert haben. Hier (*oben*) führen Steven Jobs (1955–), Vorsitzender von Apple Computers (*links*) und John Sculley, der Präsident der Firma, ihr neues Macintosh-Modell vor.

um 1985 Die Erzeugung und Herstellung von Computersoftware war Mitte der 80er Jahre zu einem der größten Industriezweige der Welt geworden. Hier ist ein Fließband in einer der Microsoft-Fabriken abgebildet (*rechts*).

1985 Wer konnte schon ahnen, dass dieser junge Kerl (*links*) mit 35 Jahren einer der reichsten Menschen der Welt sein würde? Mit 15 erfand Bill Gates (1955–) ein Kontrollgerät für Verkehrsanlagen in Seattle, 1975 gründete er mit einem Freund die Firma Microsoft. Und als IBM 1981 sein Betriebssystem DOS orderte, hatten Gates und Microsoft endgültig den Weg zu Reichtum und Ruhm eingeschlagen.

1980-89

1985 Seine zahlreichen spektakulären Besitztümer, darunter der Trump Tower in New York und Spielkasinos in Atlantic City, sowie seine geschickte Selbstvermarktung machten den Immobilienhändler Donald Trump (1946–) zu einer internationalen Berühmtheit. Hier brütet er vielleicht ein weiteres millardenschweres Entwicklungsprojekt aus.

1985 Der Marktplatz der Nation. Über 51 Millionen Privatanleger und mehr als 10.000 institutionelle Investoren kaufen und verkaufen die Wertpapiere, die von den gut 3.000 an der Wallstreet notierten Gesellschaften ausgegeben werden.

28

PARIS
77
71

Angels

1986 Die New York Mets feiern nach dem finalen Out den entscheidenden 8:5-Sieg über die Boston Red Sox im letzten Spiel der World Series.

um 1983 Reggie Jackson (1946–) machte als einer der kräftigsten Schlagmänner Baseball-Geschichte. Im Laufe seiner Karriere spielte Jackson bei verschiedenen Teams, doch am erfolgreichsten war er mit den New York Yankees, bei denen er sich durch seine Homerun-Heldentaten in den World Series den Namen »Mr. October« verdiente.

1985 Jahr für Jahr scheint der Super Bowl der Profi-Footballer an Format und nationaler Bedeutung zuzunehmen. Hier *(vorige Seiten)* kämpfen die Miami Dolphins und die San Francisco 49ers um den Titel.

1989 Olympiasiegerin Florence »Flojo« Griffith-Joyner (1959–1998) und Komiker Bill Cosby (1937–) warten auf den Startschuss. Die beiden nahmen an einem Prominenten-Staffellauf auf dem Campus der University of California in Los Angeles teil, der von McDonald's veranstaltet wurde.

um 1982 Bevor Michael Jordan (1963–) zu den Chicago Bulls wechselte, war er bereits an der University of North Carolina ein Star. In 34 Spielen erzielte »Air Jordan« über 50 Punkte. Mit seinen 63 Zählern gegen Boston (1986) hält er nach wie vor den Rekord für Play-off-Spiele der NBA.

NORTH
23
CAROLIN

1988 Die Kunstturnerin Mary Lou Retton (1968–) gewann mit ihren Leistungen bei den Olympischen Spielen von Los Angeles die Aufmerksamkeit und die Herzen der Amerikaner. Auf ihrem Weg zur Goldmedaille im Mehrkampf sehen wir sie hier am Schwebebalken.

1988 Brian Boitano (1963–) bei seinem Pflichtprogramm während der Olympischen Winterspiele in Calgary (Kanada). Boitano, der später ins Profilager wechselte, gewann im Eiskunstlauf der Männer die Goldmedaille.

1980 Ernst Haas stellte sein fotografisches Können auch bei den Olympischen Winterspielen von Lake Placid unter Beweis. Hier fing er einen Skispringer mitten im Flug ein.

1981 Er war frech und er war ein Großmaul, doch Jimmy Connors (1952–) war auch einer der größten Tennisspieler aller Zeiten. Connors, der als einer der ersten Profis auf die beidhändige Rückhand setzte, gewann viermal die US Open und einmal in Wimbledon.

1981 Der für sein feuriges Temperament bekannte John McEnroe (1959–) war der überragende Tennisprofi der frühen 80er Jahre. Er gewann 1980, 1981 und 1984 die US Open. Er blieb 1981, 1983 und 1984 in Wimbledon siegreich. Und als einer der größten Allrounder aller Zeiten holte sich McEnroe auch zehn Grand-Slam-Titel im Doppel.

1988 Die NASA-Raumfähre *Discovery* hebt vom Kennedy Space Center in Floridas Cape Canaveral ab. An Bord befand sich ein Überwachungs- und Nachrichtensatellit, den die fünfköpfige Besatzung erfolgreich im Orbit aussetzte.

1989 Techniker arbeiten am Hubble-Weltraumteleskop. Die Besatzung der Raumfähre *Discovery* platzierte die hochentwickelte Vorrichtung, die mit ihrem 2,40 Meter breiten Hauptspiegel wesentlich effektiver arbeitet als jedes Teleskop auf der Erde, im Jahre 1990 im Orbit.

1981 Die Rollbahn mit dem bemannten Spaceshuttle der NASA, das gerade von einem Testflug zurückgekehrt ist, scheint sich ins Unendliche zu erstrecken.

1990-1999

1990 -1999

1998 Rudolph Giuliani, der Bürgermeister von New York, überreicht US-Senator und Astronaut John Glenn nach dessen erfolgreicher neuntägiger *Discovery*-Mission einen Schlüssel der Stadt.

Die Nation befand sich in einer beispiellosen Periode des wirtschaftlichen Wachstums. Namen wie AOL und Yahoo! wurden ins amerikanische Vokabular aufgenommen. Erstmals kommandierte eine Frau eine Spaceshuttle-Mission, und mehr als 30 Jahre nach seinem ersten Triumph im Orbit kehrte John Glenn noch einmal ins Weltall zurück.

Ein Ex-Basketballer kandidierte als Präsident und Millionen TV-Zuschauer schauten Kandidaten zu, die Millionäre werden wollten. Mark McGuire schlug erstaunlich viele Homeruns, der »Great Gretzky« hängte die Schlittschuhe an den Nagel. Am Ende der Dekade und des Jahrhunderts machte man überall Pläne für üppige Millenniumsfeiern, während Millionen sich fragten, ob ihr Computer den Datumswechsel verdauen würde.

um 1995 Caesar's Palace zählte lange Zeit zu den vornehmsten Spielkasinos von Las Vegas (*vorige Seiten*). Diese nächtliche Szene fotografierte Grant Taylor.

1991 Nach der Invasion des Iraks in Kuwait schickten USA und andere Staaten Truppen in das ölreiche Land. Der kurze Krieg, die »Operation Desert Storm«, endete im Februar 1991 mit einer Niederlage der irakischen Armee. Hier besucht Präsident George Bush (*oben*) amerikanische Soldaten.

1999 Lance Armstrong (1971–) feiert seinen Erfolg auf der 20. Etappe des prestigeträchtigsten Fahrradrennens der Welt, der Tour de France (*rechts*). Erst besiegte er seinen fortgeschrittenen Hodenkrebs, dann gewann Armstrong als zweiter Amerikaner überhaupt die strapaziöse Rundfahrt.

um 1995 Der Flair des amerikanischen Nachtlebens lockte den japanischen Fotografen Hiroyuki Matsumoto an viele unterschiedliche Schauplätze. Dieses Bild entstand in der Beale Street in Memphis (Tennessee), der »Heimat des Blues«.

um 1995 Die Meister der Farbfotografie setzen Farben zumeist eher zurückhaltend als Akzentuierungen und Glanzlichter ein, doch können auch grell leuchtende Farben sehr wirkungsvoll sein. Dieses Foto von Revuegirls in Las Vegas (*vorige Seiten*) stammt von Bruce Ayres.

um 1995 Bei diesem Bild eines Straßensaxophonisten vor der berühmten New Yorker Carnegie Hall stellte Hiroyuki Matsumoto den starken Kontrast zwischen dem dunklen Hintergrund und den feinen Lichtschattierungen in den Mittelpunkt.

CARNEGIE HALL
Carnegie Hall Celebrates the Music of Frank Sinatra
July 24 – 26, 1995
Monday, July 24 at 7:30 PM
SONGS FOR SWINGIN' LOVERS
Tuesday, July 25 at 7:30 PM
COME FLY WITH ME
Wednesday, July 26 at 7:30 PM
THAT'S LIFE

Telluride Bluegrass
Telluride Bluegrass

um 1990 Das amerikanische Kinowesen hatte sich durch all die Multiplexkinos mit Digitalsound in den 90er Jahren zu einer milliardenschweren Industrie entwickelt. Dieses Foto nahm Chad Slattery vor einem Kinokomplex in Kalifornien auf.

um 1997 Zum alljährliche Bluegrass-Festival in Telluride (Colorado) strömen stets riesige Menschenmengen. Das Foto von Robert Daemmrich gibt die trotz des Massenbetriebs entspannte Stimmung sehr gut wieder.

1990-99

um 1995 Ein Konzert im Musikpavillon an einem lauen Sommerabend hat einen ganz speziellen Reiz und ist im kleinstädtischen Amerika nach wie vor sehr beliebt. Diese friedvolle Szene nahm der Fotograf Paul Souders in Maryland auf.

1996 Eine Plains-Indianerin tanzt beim Powwow in Cody (Wyoming). Auf Powwows feiern die amerikanischen Ureinwohner ihre Kultur und die Traditionen, die von Generation zu Generation weitergereicht werden.

1995 Ein Weitwinkelblick auf das internationale Powwow der amerikanischen Ureinwohner in Bismarck (North Dakota). Besucher aus aller Welt kommen hier zusammen, um die Jahrhunderte alten Traditionen und Fertigkeiten der ersten Amerikaner hautnah zu erleben.

1990-99

um 1990 Leuchtendes Blätterwerk, hübsche Häuser und Scheunen, Mais und haufenweise Kürbisse – so und nicht anders hat man sich den Herbst in New England vorzustellen.

um 1990 Zwei Clowns gönnen sich eine kurze Verschnaufpause, bevor sie sich wieder in die Marschlinie einer Parade zum 4. Juli einreihen.

um 1996 Die Frauen, die bei der Parade zum 4. Juli durch die Peach Street von Atlanta ziehen, bilden mit ihren spektakulären pastellfarbenen Kleidern ein erstaunlich abstraktes Muster (*vorige Seiten*).

1999 Ein lebendiges Symbol für das Hightech-Zeitalter: Handwerker nehmen Einstellungen an einem Funktelefonmast in Clackamas (Oregon) vor. Mittlerweile sind Handys im ganzen Land und überall auf der Welt allgegenwärtig.

1999 Spaceshuttle-Kommandantin Eileen Collins winkt noch einmal, bevor sie sich zum Start der Raumfähre *Columbia* in Cape Kennedy (Florida) bereitmacht. Collins war die erste Frau, die eine solche Mission leitete.

1998 Schauspieler William Baldwin (1963–) (*oben*) stellt im Hard Rock Cafe von Washington D.C. die kürzlich eingeweihte Internetseite zur Wählerregistrierung vor. Als Vorstandsmitglied des Jugendprojektes »Rock the Vote« hilft er, die Wahlbeteiligung von Jugendlichen zu fördern.

1998 Madeline Albright (1937–) erörtert in der CBS-Nachrichtenshow »Face the Nation« ein Friedensabkommen für den Mittleren Osten. Albright (*unten*) war zunächst als Vertreterin der USA bei den Vereinten Nationen tätig und wurde 1997 als erste Frau des Landes zur Außenministerin ernannt.

um 1998 In den 90er Jahren wurden die Anstrengungen zur Erhöhung der Wahlbeteiligung in Amerika intensiviert. Dieses Kerlchen (*rechts*) war zwar offensichtlich noch zu jung zum Wählen, doch den »Ich habe gewählt«-Aufkleber seiner Eltern trug er bereits stolz auf der Stirn.

I
Voted

1999 Von Geburt an war John F. Kennedy jr. (1960–1999) eine Berühmtheit. Sein Aussehen und Charisma sowie die Aura der Kennedyfamilie machten ihn zu einem der begehrtesten Junggesellen der Nation – das Magazin *People* ernannte ihn 1988 zum »sexiest man alive«. Kennedy arbeitete als Ankläger kurz für Robert Morganthau, den Bezirksstaatsanwalt von Manhattan, und brachte 1995 das Politmagazin *George* heraus. Ein Jahr darauf heiratete er Carolyn Bessette (1966–1999), eine ehemalige PR-Managerin bei Calvin Klein – und Millionen Frauen seufzten enttäuscht auf. Kaum drei Jahre später kam das Paar bei einem Flugzeugabsturz vor Martha's Vineyard (Massachusetts) ums Leben – die ganze Nation trug Trauer.

1990 AIDS forderte in den 90er Jahren rund um die Welt immer mehr Opfer. Hier fordert die Schauspielerin und AIDS-Aktivistin Elizabeth Taylor die US-Kongress-abgeordneten auf einer Pressekonferenz auf, mit besseren Gesetzen die Suche nach einem Heilmittel gegen den gefürchteten Virus in Gang zu bringen. Für ihre Arbeit in der AIDS-Forschung wurde Taylor 1993 mit dem Jean Hersholt Humanitarian Award ausgezeichnet.

1998 General Colin Powell (1937–) fungierte von 1989 bis 1993 als Vorsitzender des US-Generalstabes. Oft brachte man den extrem populären Powell als Kandidaten für das Amt des Präsidenten oder Vize-Präsidenten ins Gespräch. 1997 war er als Vorsitzender des President's Summit for America's Future tätig. Der Außenminister der Regierung George W. Bush ist auch nach wie vor ein unermüdlicher Anwalt für America's Promise, ein Bündnis von über 500 Organisationen, die sich für die Sicherheit, Gesundheit und Erziehung von Kindern einsetzen.

1993 Ross Perot (1930–) gründete 1962 die Electronic Data Systems Corporation, die zu einem der erfolgreichsten Unternehmen des Landes heranwuchs. Später wandte sich Perot der Politik zu und zog sowohl 1992 als auch 1996 als unabhängiger Kandidat für das Amt des Präsidenten in den Wahlkampf. Hier spricht er vor dem Joint Committee to Reorganize Congress.

1990 Präsident George Bush gestikuliert während einer Ansprache, die er nach der ersten Hälfte seiner Amtszeit hielt. Bei den Wahlen von 1992 verlor er die Präsidentschaft an Bill Clinton.

1993 Trotz einiger Skandale und der Androhung eines Amtsenthebungsverfahrens erfreute sich Bill Clinton während seiner acht Jahre im Weißen Haus großer Beliebtheit. Hier greift der neue Präsident (*oben*) auf einem der vielen Bälle am Tage seiner Amtseinführung zur Freude der Anwesenden zu seinem Saxophon.

1993 US-Präsident Bill Clinton schaut zu (*rechts*), als sich Israels Premierminister Yitzhak Rabin (1922–1995) und Palästinenserführer Yassir Arafat (1929–) die Hände reichen. Kurz zuvor war in Washington das historische Oslo-Abkommen unterzeichnet worden, das Teile des Westjordanlandes unter die Kontrolle der Palästinenser stellte.

1993 William Jefferson Clinton (1946–) diente zwei Amtsperioden als Gouverneur von Arkansas, bevor er 1992 zum 42. Präsidenten der Vereinigten Staaten gewählt und vier Jahre später als solcher bestätigt wurde. Clinton berief dabei mehr Frauen und Angehörige von Minderheiten ins Kabinett als jeder andere Präsident vor ihm. Auf diesem Bild (*links*) hält er seine erste Antrittsrede.

um 1998 Als ein Cowboy bei einem Rodeo in Idaho stolz mit der amerikanischen Fahne durch die Arena ritt, war Fotograf Jules Frazier zur Stelle.

Cardinals

1998 Sammy Sosa, der Outfielder der Chicago Cubs, entpuppte sich in den späten 90ern als begnadeter Schläger. Hier freut sich Sosa über seine Auszeichnung als »Wertvollster Spieler« der National League in der Saison 1998.

1998 Ein historisches Foto: Mark McGwire, der Schläger der St. Louis Cardinals, reißt beim Umrunden der Bases seine Faust hoch – als erster Spieler in der Geschichte der Major League hatte er 70 Homeruns in einer Saison geschafft.

1999 Die Williams-Schwestern Venus und Serena hatten es in den späten 90er Jahren an die Spitze des Damentennis geschafft. Hier präsentieren sie den Pokal, den sie für ihren Sieg beim Doppel der French Open erhielten. Serena ging in die Geschichte ein: Als erste schwarze Spielerin nach Althea Gibson (1958) gewann sie einen Grand-Slam-Titel.

1999 Michelle Kwan (1980–), die das Magazin *People* einst zu den »50 schönsten Menschen der Welt« zählte, gilt als eine der anmutigsten Eiskunstläuferinnen aller Zeiten. Sie wurde viermal nationale Meisterin, holte drei WM-Titel und gewann 1998 bei den Olympischen Spielen von Nagano (Japan) die Silbermedaille.

1998 Basketball, lange ein von Männern dominierter Sport, sollte sich in den 90er Jahren weiter wandeln: Sowohl bei den Profis als auch auf College-Ebene stieg das Interesse an Frauenteams. Hier steigt Sheryl Swoops (Nummer 22), einer der Stars der Houston Comets, in einem Finalspiel der Women's National Basketball Association zum Rebound hoch (*oben*).

1999 Shaquille »Shaq« O'Neal, der Center der Los Angeles Lakers (*links*), begann seine Profikarriere bei Orlando Magic. Als ewiger Spitzenreiter der Trefferquote aus dem Spiel heraus erzielte er mehr als 10.000 NBA-Punkte. Der populäre O'Neal spielte in den Filmen *Blue Chips* und *Kazaam* mit.

1998 Michael Jordan (*rechts*) zog sich 1992 vom Basketball zurück und versuchte sich als Baseballspieler in der Major League. 1995 kehrte er zu den Chicago Bulls zurück und stieg prompt wieder zur beherrschenden Figur auf. Als erster Spieler wurde Jordan viermal zum wertvollsten Spieler der regulären Saison und der Meisterschaftsserie ernannt. Der Medienstar gehört zu den bekanntesten Personen auf diesem Erdball.

BULLS

1990-99

1999 Spieler der New York Yankees brechen in Jubel aus – soeben hat ihr Teamkamerad Jim Leyritz einen Homerun geschlagen und den »Bronx Bombers« im vierten Spiel der World Series eine beruhigende 4:1-Führung gegen die Atlanta Braves verschafft. Wenige Minuten später konnten die Yankees ihre 25. Meisterschaft feiern.

um 1995 Anhänger des Profi-Footballs werden vielleicht widersprechen, doch für Millionen Sportfans stellt Baseball immer noch den amerikanischen Nationalsport schlechthin dar. Hier jubeln Zuschauer ihrem Team aus dem hintersten Winkel der Kurve zu.

1999 »Who Wants to Be a Millionaire« ist zu einer der weltweit erfolgreichsten Fernsehsendungen aller Zeiten geworden. Das erstmals 1999 ausgestrahlte Quiz wurde schnell so populär, dass ABC es zwei- oder dreimal in der Woche zeigen konnte. Hier (*oben*) sehen wir Moderator Regis Philbin beim Unterzeichnen eines 1.000.000-Dollar-Schecks.

1999 Martha Stewart (*rechts*) wurde in den 90ern zu einem nationalen Phänomen. Die Heimwerkerin, Modeschöpferin, Innenausstatterin, Küchenchefin, Fernsehratgeberin und Autorin Dutzender von Bestsellern kassierte über eine Milliarde Dollar, als sie ihr eigenes Vermarktungsunternehmen an die Börse brachte.

um 1994 »Baywatch« (*links*) stieg dank vieler Wiederholungen auf diversen Kanälen zu einer der meistgesehenen TV-Serien aller Zeiten auf. Allein 1994 verfolgten weltweit mehr als eine Milliarde Zuschauer die Abenteuer der Strandläufer und Badenixen. Einige der Stars von »Baywatch« (*von links nach rechts*): Alexandra Paul, Pamela Anderson und Yasmine Bleeth.

1999 Rosie O'Donnells (1962–) Karriere begann mit einem triumphalen Auftritt in der Sportkomödie *Eine Klasse für sich*. Nach weiteren Rollen in Filmen wie *Flintstones – Die Familie Feuerstein* oder *Harriet, die kleine Detektivin* sowie im Broadway-Revival von *Grease* moderierte O'Donnell (*oben*) dann eine sehr erfolgreiche Talkshow. Im Jahre 2000 gewann sie als beste Talkshow-Gastgeberin ihren vierten Emmy in Folge.

1999 Oprah Winfrey (1954–) wurde auf internationaler Ebene durch ihre Rolle in dem Film *Die Farbe Lila* bekannt. 1986 leitete sie als erste schwarze Frau eine landesweit ausgestrahlte Talkshow – die Sendung war ein enormer Erfolg. Ihr Buchklub und eine eigene Film- und Fernsehproduktionsgesellschaft machten Winfrey (*rechts*) bald zu einer der einflussreichsten Persönlichkeiten in der Unterhaltungsbranche.

1993 Howard Stern (1954–), seit fast 20 Jahren ein Pionier der Radio-Talkshow, hat durch seine oftmals schockierenden Sprüche und Eskapaden eine riesige Fangemeinde gewonnen. Der Moderator (*links*) einer der weltweit meistgehörten täglichen Radiosendungen spielte in dem Film *Private Parts* (1997) die Hauptrolle.

1997 Millionen TV-Zuschauer in aller Welt schalten die Science-Fiction-Serie »Akte X« ein, um die FBI-Agenten Scully und Mulder bei ihren paranormalen und außerirdischen Ermittlungen zu begleiten. Den Agenten Mulder verkörpert David Duchovny. Um die Serie, die geschickt die Neugier auf das Übernatürliche und die Möglichkeit von Alien-Kontakt mit der Erde bedient, entstand bald ein Kult, der Hunderte von Internetseiten und einen Kinofilm nach sich zog.

1997 Gillian Anderson, die in »Akte X« die Gerichtsmedizinerin Agent Scully spielt, agiert als ein zweifelnder Gegenpart zu Duchovnys ruhelosem Charakter.

1999 Die nahe einem geheimen US-Militärstützpunkt gelegene Gemeinde Rachel (Nevada) hat sich durch die Menge der Einwohner, die UFOs gesehen haben wollen, einen gewissen Ruf erworben. In Anerkennung dieses Rufes gaben Beamte des Staates Nevada einer der größeren Straßen in diesem Gebiet den Namen »Extraterrestrial Highway«.

1998 »Seinfeld«, die gefeierte Comedyserie *(oben)* über die Widrigkeiten des Alltags im Leben von Standup-Komiker Jerry Seinfeld (1954–) und seinen drei Single-Freunden, brach alle Quotenrekorde. Daneben sackte die populäre Sitcom außer dem prestigeträchtigen Peabody Award auch noch zahlreiche Emmy Awards und Golden Globes ein. Von links nach rechts: Jason Alexander, Julia Louis-Dreyfus, Michael Richards und Seinfeld.

1998 George Clooney *(links)*, der Neffe der Sängerin und Schauspielerin Rosemary Clooney, wurde durch seinen Part in der gelobten TV-Serie »ER« zum Schwarm von Millionen Zuschauerinnen. Mitte der 90er verließ Clooney die Serie und widmete sich mit Filmen wie *Tage wie dieser*, *Batman und Robin* oder *Three Kings* seiner Leinwandkarriere.

1998 Cindy Crawford (1966–) setzte ihre Talente für eine Laufbahn als Supermodel, Werbesprecherin, TV-Moderatorin, Fitnessvideo-Produzentin, Autorin und Schauspielerin ein. *Forbes* schätzte sie 1995 auf ein Jahreseinkommen von mehr als sechs Millionen Dollar und damit als bestbezahltes Model der Welt ein. Hier besucht die amerikanische Nationalschönheit die Party zum 100. Geburtstag der Zeitschrift *Vogue*.

1993 Die Band Nirvana brachte den Sound und Geist des Seattle-»Grunge«-Rock einem Mainstream-Publikum näher und stieg mit der sarkastischen Jugendhymne »Smells Like Teen Spirit« bis auf Platz Eins der Charts auf. Der ungestüme Leadsänger Kurt Cobain (1967–1994) wurde zu einem Symbol für die Existenzangst der Teenager. Mit seiner Frau Courtney Love, Leadsängerin der Rockband Hole, und ihrer Tochter Frances Bean ist er hier bei den »MTV Video Music Awards« zu sehen.

1999 Rapper Will Smith (1970–) präsentiert bei den »MTV Video Music Awards« seine Trophäe (*oben*). Smith, als Schauspieler und Komiker nicht minder erfolgreich, entwickelte sich mit Filmen wie *Das Leben – Ein Sechserpack*, *Bad Boys – Harte Jungs*, *Independence Day* oder *Men in Black* zu einem Kinostar.

1999 Rap-Impresario Sean »Puff Daddy« Combs (1970–) bei einem Auftritt (*rechts*). 1993 gründete er sein eigenes Label Bad Boy Entertainment, das bis 1994 über zwölf Millionen Alben verkaufte. Combs schrieb Songs für Künstler wie Boyz II Men, TLC oder auch Aretha Franklin und erhielt für seine Arbeit zahlreiche Auszeichnungen.

1999 Der Gitarrist und Sänger Carlos Santana (1947–) gründete 1966 die Latino-Bluesrock-Band Santana, deren Auftritte auch heute noch meist vor ausverkauftem Haus über die Bühne gehen. 2000 schaffte Santana (*links*) ein geradezu unglaubliches Comeback: Sein Album *Supernatural* wurde über 22 Millionen Mal verkauft und räumte nicht weniger als neun Grammys ab.

1999 Die chamäleonhafte, provokative Madonna reihte auch in den 90er Jahren Erfolg an Erfolg: Die Blonde-Ambition-Tournee von 1990, das Buch *Sex*, die Alben *Erotica* und *Ray of Light*, die Filme *In Bed with Madonna* und *Evita* sowie der 60-Millionen-Dollar-Deal mit Time Warner, mit dem sie ihr eigenes Label Maverick auf die Beine stellte. Ihre wichtigste Produktion des Jahres 1996 war jedoch ihre Tochter Lourdes.

1999 Country-and-Western-Legende Garth Brooks (*links*) tritt beim live übertragenen »VH1 Concert of the Century« auf. In den 90ern geriet der vielseitige Brooks in die Schlagzeilen, als er sich bei den Los Angeles Dodgers versuchte.

1991 Whitney Houston (1963–) live in concert (*rechts*). Die international beliebte Popsängerin gehört zu den absoluten Topverdienern der Branche und spielte bereits in solchen Filmen wie *Bodyguard, Waiting to Exhale – Warten auf Mr. Right* oder *Rendezvous mit einem Engel* mit.

1995 Seine überzeugende Darstellung eines geistig behinderten Jungen in *Gilbert Grape – Irgendwo in Iowa* machte Leonardo DiCaprio (1974–) schon früh zum Star. Durch seine Hauptrolle in dem Katastrophen-Epos *Titanic* konnte er seinen Ruhm noch steigern. Hier sehen wir den Schwarm aller Teenager (*oben*) mit dem Schauspieler und Musiker Mark Wahlberg.

1998 Julia Roberts (1967–), die gefragteste und höchstbezahlte Frau im Filmgeschäft (*rechts*), entzückte das Publikum erstmals 1988 in *Pizza Pizza – Ein Stück vom Himmel*. In den beiden Folgejahren wurde sie für ihre Leistungen in *Magnolien aus Stahl* und *Pretty Woman* für den Oscar nominiert. Weitere Erfolge waren *Die Akte*, *Die Hochzeit meines besten Freundes*, *Notting Hill* sowie *Erin Brockovich*.

1999 Hollywoods ehedem heißestes Paar, Tom Cruise (1962–) und Nicole Kidman (1967–), posieren bei der Premiere des umstrittenen Stanley-Kubrick-Films *Eyes Wide Shut*, in dem sie die Hauptrollen spielten (*links*). Zu Cruises erfolgreichsten Filmen zählen u.a. *Lockere Geschäfte*, *Der richtige Dreh*, *Top Gun*, *Die Farbe des Geldes*, *Rain Man* und *Eine Frage der Ehre*. Kidman war u.a. in *To Die For* und *Portrait of a Lady* dabei.

1999 Heather Donahue hält sich in dem Lowbudget-Thriller *The Blair Witch Project* eine Kamera vor die Nase. Der überraschende Kassenerfolg der Filmstudenten Daniel Myrick und Eduardo Sanchez handelt von drei Teenagern, die während einer »Dokumentation« über eine regionale Legende, die »Hexe von Blair«, spurlos in den Black Hills von Maryland verschwinden.

1990 Denzel Washington (1954–), einer der großartigsten Schauspieler Hollywoods (*links*), erhielt für seine brillante Leistung in dem Bürgerkriegsfilm *Glory* einen Oscar. Ferner spielte er in Filmen wie *Sergeant Waters – Eine Soldatengeschichte*, *Schrei nach Freiheit*, *Die Akte* oder *Teufel in Blau*.

1997 Sharon Stone (1958–) debütierte in Woody Allens *Stardust Memories* (*rechts*). Ihre provozierend direkte Darstellung in den Sexszenen von *Basic Instinct* sorgte für Aufsehen, aber durch ihre Rolle in *Casino*, die ihr eine Oscar-Nominierung einbrachte, etablierte sich Stone dann auch endgültig als ernsthafte Schauspielerin.

1999 Tom Hanks (1956–), hier mit Regisseur Steven Spielberg, wurde durch die Filme *Splash – Eine Jungfrau am Haken* und *Big* zum Superstar. 1993 und 1994 erhielt Hanks für seine Darstellungen in *Philadelphia* und *Forrest Gump* jeweils den Oscar. Zu seinen Filmen zählen *Schlaflos in Seattle, The Green Mile* und das gefeierte Weltkriegsdrama *Der Soldat James Ryan*, mit dem Spielberg den Regie-Oscar gewann.

1999 Arnold Schwarzenegger (1947–), fünffacher Mr. Universum und siebenfacher Mr. Olympia (*rechts*), wurde durch Action- und Science-Fiction-Thriller wie *Conan, der Barbar, Terminator* oder *True Lies* zum Superstar. 1990–1994 fungierte er zudem als Vorsitzender des präsidialen Ausschusses für körperliche Fitness und Sport.

um 1995 Obwohl Autokinos in den meisten Gegenden nur noch ein Relikt der Vergangenheit darstellen, gibt es durchaus noch Orte, an denen sie nicht nur existieren, sondern sogar regelrecht florieren können. Dieses Autokino (*links*) steht den Filmfreaks in Minneapolis offen.

1999 George Lucas' *Star Wars*-»Prequel« *Episode I: Die dunkle Bedrohung* führte das Publikum mit blendenden Spezialeffekten zu den Anfängen der intergalaktischen Saga. Qui-Gon Jim (Liam Neeson) und der junge Obi-Wan Kenobi (Ewan McGregor) kreuzen die Lichtschwerter mit dem bösen Darth Maul (Ray Park) *(vorige Seiten).*

1996 Die fünf amerikanischen Astronauten an Bord der *Atlantis* beobachten aus den Fenstern ihrer Raumfähre die russischen Kollegen der Raumstation *Mir*. Die *Mir*, die in 14 Jahren 81.350 Mal die Erde umkreiste, blieb noch fünf weitere Jahre im Orbit, bevor sie im März 2001 aufgegeben wurde.

1999 Als sich das 20. Jahrhundert allmählich seinem Ende entgegen neigte, schmiedeten die Menschen auf der ganzen Welt bereits fleißig Pläne zur Feier des neuen Jahrtausends. In Vorbereitung auf die kommenden Festivitäten präsentiert das Epcot Center in der Walt Disney World hier sein Jahr-2000-Logo *(rechts).*

TOYOTA
1500
JOCKEY
GIFTS

2000

2000

2000 Der Times Square von New York, schon seit langem als Ort für Silvesterfeiern beliebt, wimmelte von Menschen aus aller Welt – über eine Million waren bei der größten aller Millenniumspartys dabei.

Ein neues Jahr, ein neues Jahrhundert, ein neues Jahrtausend. Der Wirtschaftsboom hielt an und der »Y2K-Bug«, das »Jahr-2000-Problem«, hatte nicht die befürchtete Computerkatastrophe zur Folge. Die Amerikaner konnten aufatmen – und feiern. Und wie sie feierten! Von Küste zu Küste, in großen wie in kleinen Gemeinden läutete man das alte Jahrhundert aus und begrüsste das neue Millennium mit der Begeisterung, die für diese Nation so typisch ist.

Die folgenden Fotos zeigen, wie die Amerikaner den historischen Übergang vollzogen und das Millennium feierten, von dem sie hofften, dass es das strahlendste von allen werden würde.

2000 Sogar der Times Square, wo ab 1906 ganze Heerscharen den »ball drop« verfolgt haben, übertraf sich bei diesem Silvester selbst (*rechts*).

1999 Am letzten Tag des zwanzigsten Jahrhunderts bewegte sich eine gewaltige Darstellung von »Väterchen Zeit« (*vorige Seiten*) über den New Yorker Times Square.

2000 Aus Costa Rica war Zaida Zunida (*oben*) angereist, um bei der Silvesterparty auf dem Times Square dabei zu sein.

2000 Familie Potts aus Philadelphia (Pennsylvania) machte auf ganz individuelle Art und Weise deutlich, dass ein neues Jahrhundert vor der Tür stand (*folgende Seiten*).

SUNTORY
autobytel.com
abc
NEWS

YOGURT
PIZZERIA
RISTORANTE
STOP

OPEN
0 0 JAN
0
0
0

2000

2000 Als das Kapitol das neue Jahrtausend willkommen hieß, bot sich Hunderttausenden von Zuschauern, darunter auch dem Präsidenten und Mrs. Clinton, dieser spektakuläre Anblick (*links*).

2000 Millennium-Feiernde waten im Reflecting Pool, dem Wasserbecken vor dem Lincoln Memorial in Washington D.C. (*oben*).

1999 650 Paare in Smoking und Brautkleid (*vorige Seiten*) feiern das Ende eines Jahrhunderts, indem sie im Convention Center von Philadelphia den Bund fürs Leben schließen.

2000

2000 Fröhlich tanzt ein Pärchen bei der Silvesterfeier von San Francisco ins Jahr 2000.

2000 Tausende von Feiernden sind dabei, als Raketen und andere Feuerwerkskörper das Ferry Building auf dem Embarcadero von San Francisco erhellen.

2000 Als Chicago ein neues Jahr und ein neues Jahrhundert begrüßt, leuchtet der Himmel über dem Lake Michigan (*vorige Seiten*) in herrlichen Farben auf.

1/2 HOUR PHOTO
F.D. N.Y.
BELASCO

2000 Ein etwas verloren wirkender Mann mustert die Überbleibsel der gigantischen Silvesterparty von New York.

2000 Als östlichster Punkt der Vereinigten Staaten bot Lubec (Maine) seinen Besuchern die Chance, als Erste den Anbruch des neuen Jahrtausends zu erleben *(folgende Seiten)*.

Bildnachweis

Vorwort

Seite 6 Hulton Getty

Einführung

8 Stephen Falk/Liaison Agency 1986
9 Mathew Brady/Hulton Getty
10 Jacob Riis/Hulton Getty
11 Archive Photos
12 Steve Powell/Allsport
13 Philip Coblentz/Stone Images

1849–1899

14–15 MPI/Hulton Getty
16 Topical Press Agency/Hulton Getty Picture Library
17–19 MPI/Hulton Getty
20–21 William Henry Jackson/Hulton Getty
22–23 Hulton Getty
24 MPI/Hulton Getty
25 Carleton E. Watkins/Hulton Getty
26 *(oben)* William Henry Jackson/Hulton Getty, *(unten)* Hulton Getty
27 MPI/Hulton Getty
28–29 Timothy H. O'Sullivan/Hulton Getty
30 Documentation Photographic Agency/Hulton Getty
31 *(oben)* MPI/Hulton Getty, *(unten)* Hulton Getty
32–33 MPI/Hulton Getty
34–35 Hulton Getty
36–37 MPI/Hulton Getty
38–41 Hulton Getty
42 John C. H. Grabill/Hulton Getty
43 MPI/Hulton Getty
44 *(beide)* MPI/Hulton Getty
45 Mathew Brady/Hulton Getty
46 *(beide)* MPI/Hulton Getty
47 MPI/Hulton Getty
48 *(oben, links)* Spencer Arnold/Hulton Getty, *(oben, rechts)* Hulton Getty, *(unten)* Library of Congress/Hulton Getty
49 MPI/Hulton Getty
50 Fox Photos/Hulton Getty
51 Spooner & Wells/Hulton Getty
52–53 Roger Viollet/Liaison Agency
54 Fox Photos/Hulton Getty
55 *(oben)* MPI/Hulton Getty, *(unten)* Jacob Riis/Hulton Getty
56–59 Jacob Riis/Hulton Getty
60–61 Fox Photos/Hulton Getty
62–63 Henry Guttman/Hulton Getty
64–66 William England/Hulton Getty
67 Hulton Getty
68 William England/Hulton Getty
69–75 Hulton Getty
76–77 MPI/Hulton Getty
78–79 Hulton Getty
80–81 Taber Photo San Francisco/Hulton Getty
82–83 Hulton Getty
84–85 MPI/Hulton Getty

1900–1909

86–87 Archive Photos
88 *(oben)* Hulton Getty, *(unten)* Archive Photos
89 Museum of the City of New York/Archive Photos
90 *(beide)* Lewis W. Hine/Hulton Getty
91 Hulton Getty
92–93 Museum of the City of New York/Hulton Getty
94 *(oben)* Hulton Getty, *(unten)* Ernest H. Mills/Hulton Getty
95 Lewis W. Hine/Hulton Getty
96 *(oben)* Hulton Getty, *(unten)* Archive Photos
97 Hulton Getty
98–99 Henry Guttman/Hulton Getty
100 Keystone/Hulton Getty

101 (*oben*) MPI/Hulton Getty, (*unten*) Archive Photos
102 H.P. Meissner/Hulton Getty
103 Hulton Getty
104 MPI/Hulton Getty
105 Marquette University Archives/Hulton Getty
106 MPI/Hulton Getty
107 E. S. Curtis/Hulton Getty
108–109 Hulton Getty
110 Museum of the City of New York/Archive Photos
111 Hirz/Archive Photos
112 Hulton Getty
113 (*oben*) Museum of the City of New York/Archive Photos, (*unten*) Topical Press Agency/Hulton Getty
114 Archive Photos
115–116 Hulton Getty
117–118 Archive Photos
119 Keystone/Hulton Getty
120 General Photographic Agency/Hulton Getty
121 Topical Press Agency/Hulton Getty
122 Archive Photos
123 (*oben*) U.S. Department of the Interior/Hulton Getty, (*unten*) Museum of the City of New York/Archive Photos
124–125 Topical Press Agency
126–127 Hulton Getty
128 (*oben*) DeWitt Historical Society/Archive Photos, (*unten*) Topical Press Agency/Hulton Getty
129–131 Archive Photos
132 Eisenhower Library/Hulton Getty
133 Hulton Getty
134–137 Erwin E. Smith/Hulton Getty
138 Hulton Getty
139 Archive Photos
140 (*oben*) Topical Press Agency/Hulton Getty, (*unten*) Frances Benjamin Johnston Collection/Hulton Getty
141 General Photographic Society/Hulton Getty
142 Hulton Getty
143 Edward Muybridge/Hulton Getty
144–145 General Photographic Agency/Hulton Getty
146 Hulton Getty
147 MPI/Hulton Getty
148 Hulton Getty
149 Archive Photos
150–151 Hulton Getty
152 (*beide*) Hulton Getty
153 Topical Press Agency
154–155 MPI/Hulton Getty

1910–1919

156–157 Topical Press Agency/Hulton Getty
158 (*oben*) Topical Press Agency/Hulton Getty, (*unten*) MPI/Hulton Getty
159 Topical Press Agency/Hulton Getty
160–162 Archive Photos
163 Topical Press Agency/Hulton Getty
164–165 Archive Photos
166 (*oben*) Hulton Getty, (*unten*) Spooner & Wells/Hulton Getty
167 Hulton Getty
168 General Photographic Agency/Hulton Getty
169 MPI/Hulton Getty
170 Topical Press Agency/Hulton Getty
171 Mole and Thomas/Hulton Getty
172 (*oben*) Hulton Getty, (*unten*) Topical Press Agency/Hulton Getty
173 Topical Press Agency/Hulton Getty
174 Archive Photos
175 MPI/Hulton Getty
176 Archive Photos
177 Topical Press Agency/Hulton Getty
178–179 Hulton Getty
180 Lewis W. Hine/Hulton Getty
181 Hulton Getty
182–183 Topical Press Agency/Hulton Getty
184 (*oben, links*) Hulton Getty, (*oben, rechts*) Archive Photos, (*unten*) MPI/Hulton Getty
185 Archive Photos
186 Topical Press Agency/Hulton Getty
187 MPI/Hulton Getty
188–189 Hulton Getty
190 Paul Thompson, New York/Hulton Getty
191–195 Topical Press Agency/Hulton Getty
196–197 General Photographic Agency/Hulton Getty
198 (*oben*) MPI/Hulton Getty, (*unten*) Topical Press Agency/Hulton Getty
199 Topical Press Agency/Hulton Getty
200–201 MPI/Hulton Getty
202 (*oben*) Hirz/Archive Photos, (*unten*) MPI/Hulton Getty

203 Hulton Getty
204–205 DeWitt Historical Society/Archive Photos
206 Hulton Getty
207 Archive Photos
208 Topical Press Agency/Hulton Getty
209 MPI/Hulton Getty
210–211 Hulton Getty
212 *(beide)* Hulton Getty
213–215 Topical Press Agency/Hulton Getty
216–217 MPI/Hulton Getty
218–219 Keystone/Hulton Getty

1920–1929

220–221 Archive Photos
222 *(oben)* General Photographic Agency/Hulton Getty, *(unten)* Henry Guttman/Hulton Getty
223 Hirz/Archive Photos
224 Hulton Getty
225 MPI/Hulton Getty
226 Fox Photos/Hulton Getty
227 Popperfoto/Archive Photos
228 Hulton Getty
229 General Photographic Agency/Hulton Getty
230–231 Archive Photos
232 MPI/Hulton Getty
233 Museum of the City of New York/Archive Photos
234 London Express/Hulton Getty
235 MPI/Hulton Getty
236 General Photographic Society/Hulton Getty
237 Hulton Getty
238 *(beide)* General Photographic Agency/Hulton Getty
239 Topical Press Agency/Hulton Getty
240 Hulton Getty
241 U.S. Library of Congress/Hulton Getty
242–243 Archive Photos
244–245 General Photographic Agency/Hulton Getty
246 Hulton Getty
247 General Photographic Agency/Hulton Getty
248–249 Hulton Getty
250 Topical Press Agency/Hulton Getty
251–252 Archive Photos
253–254 MPI/Hulton Getty
255 U.S. Library of Congress/Hulton Getty
256 APA/Archive Photos
257 *(oben)* Keystone/Hulton Getty, *(unten)* General Photographic Agency/Hulton Getty
258 APA/Archive Photos
259 Hulton Getty
260 Archive Photos
261 MPI/Hulton Getty
262 General Photographic Agency/Hulton Getty
263 Hulton Getty
264–265 General Photographic Agency/Hulton Getty
266 *(oben, links)* General Photographic Agency/Hulton Getty, *(oben, rechts)* Museum of the City of New York/Archive Photos, *(unten)* Hulton Getty
267–268 Hulton Getty
269 *(oben)* Hulton Getty, *(unten)* MPI/Hulton Getty
270 Hulton Getty
271 General Photographic Agency/Hulton Getty
272–273 Hulton Getty
274 Topical Press Agency/Hulton Getty
275 *(beide)* Hulton Getty
276 General Photographic Agency/Hulton Getty
277 Hulton Getty
278–281 Topical Press Agency/Hulton Getty
282 Fox Photos/Hulton Getty
283 *(oben)* Topical Press Agency/Hulton Getty, *(unten)* Hulton Getty
284–285 Fox Photos/Hulton Getty
286 MPI/Hulton Getty
287 Archive Photos
288–289 General Photographic Agency/Hulton Getty
290 International Feature Services/Hulton Getty
291–293 Topical Press Agency/Hulton Getty
294–295 MPI/Hulton Getty

1930–1939

296–297 Fox Photos/Hulton Getty
298 *(oben)* Topical Press Agency/Hulton Getty, *(unten)* Hulton Getty
299 Gene Lester/Archive Photos
300 Walker Evans/Hulton Getty
301 Dorothy Lange/Hulton Getty
302–303 Russell Lee/Hulton Getty
304 General Photographic Agency/Hulton Getty
305 MPI/Hulton Getty
306 Keystone/Hulton Getty
307 General Photographic Agency/Hulton Getty

308–309 Weegee (Arthur Fellig)/Hulton Getty
310 Fox Photos/Hulton Getty
311 Evans/Hulton Getty
312 Hal Morey/Hulton Getty
313 Weegee (Arthur Fellig)/Hulton Getty
314 General Photographic Agency/Hulton Getty
315–316 Hulton Getty
317 Fox Photos/Hulton Getty
318–319 MPI/Hulton Getty
320 Keystone/Hulton Getty
321 Underwood & Underwood/Hulton Getty
322–323 Walker Evans/Hulton Getty
324 *(beide)* MPI/Hulton Getty
325 MPI/Hulton Getty
326–327 Walker Evans/Hulton Getty
328–329 Dorothy Lange/Hulton Getty
330 Fox Photos/Hulton Getty
331 *(oben)* Hulton Getty, *(unten)* General Photographic Agency/Hulton Getty
332–333 Margaret Chute/Hulton Getty
334 Fox Photos/Hulton Getty
335 *(oben)* Ray Jones/Hulton Getty, *(unten)* Hulton Getty
336 Hulton Getty
337 *(oben)* Keystone/Hulton Getty, *(unten)* Archive Photos
338 FPG International
339–341 Hulton Getty
342–343 Keystone/Hulton Getty
344 *(oben)* Keystone/Hulton Getty, *(unten)* Fox Photos
345 Robert Yarnall Richie
346–347 Underwood & Underwood (AG)/Hulton Getty
348 Dorothy Lange/Hulton Getty
349 *(oben)* General Photographic Agency/Hulton Getty, *(unten)* Fox Photos/Hulton Getty
350–351 Fox Photos/Hulton Getty
352 General Photographic Agency
353 Keystone/Hulton Getty
354 Sasha/Hulton Getty
355 *(beide)* MPI/Hulton Getty

1940–1949

356–357 Keystone/Hulton Getty
358 *(oben)* Keystone/Hulton Getty, *(unten)* American Stock/Archive Photos
359 Archive Photos
360 Keystone/Hulton Getty
361 Breitenbach/Archive Photos
362 John Vachon/Hulton Getty
363 Marjory Collins/Hulton Getty
364 Fox Photos/Hulton Getty
365–366 MPI/Hulton Getty
367 Gordon Parks/Hulton Getty
368 Nat Fein/Archive Photos
369 Anthony Potter Collection/Archive Photos
370 MPI/Hulton Getty
371–373 Keystone/Hulton Getty
374 Hulton Getty
375 MPI/Hulton Getty
376 Slim Aarons/Hulton Getty
377 Weegee (Arthur Fellig)/Hulton Getty
378 Charles »Teenie« Harris/Archive Photos
379 Keystone/Hulton Getty
380–381 Archive Photos
382–383 Three Lions/Hulton Getty
384–385 Kurt Hutton/Hulton Getty
386 Keystone/Hulton Getty
387 *(oben)* John Collier/Hulton Getty, *(unten)* Keystone/Hulton Getty
388–389 Nat Fein/Archive Photos
390 Fox Photos/Hulton Getty
391 Arthur Siegel/Hulton Getty
392 *(oben)* John Vachon/Hulton Getty, *(unten)* Russell Lee/Hulton Getty
393 Arthur Siegel/Archive Photos
394–395 Russell Lee/Hulton Getty
396 *(oben)* Slim Aarons/Hulton Getty, *(unten)* NBC/Archive Photos
397 Keystone/Hulton Getty
398 Archive Photos
399 Gene Lester/Archive Photos
400–401 Picture Post/Hulton Getty
402 Slim Aarons/Hulton Getty
403 Hulton Getty
404 Archive Photos
405 *(beide)* Keystone/Hulton Getty
406–407 Jack Delano/Hulton Getty
408 Museum of the City of New York/Archive Photos
409 Hulton Getty
410–411 Gene Lester/Archive Photos

1950–1959

412–413 Lambert/Archive Photos
414 (*oben*) Archive Photos, (*unten*) Popperfoto/Archive Photos
415–417 Archive Photos
418–419 Kurt Hutton/Hulton Getty
420 Archive Photos
421 Ernst Haas/Hulton Getty
422 Three Lions/Hulton Getty
423 Jerry Cooke/Hulton Getty
424 Nat Fein/Archive Photos
425 (*oben*) Archive Photos, (*unten*) Harry Lapow/Archive Photos
426 Nat Fein/Archive Photos
427 Carl Purcell/Hulton Getty
428 Weegee (Arthur Fellig)/Hulton Getty
429 Ernst Haas/Hulton Getty
430 Keystone/Hulton Getty
431 Alfred Gescheidt/Archive Photos
432 (*oben*) Ernst Haas/Hulton Getty, (*unten*) Hulton Getty
433 Slim Aarons/Hulton Getty
434 Evening Standard/Hulton Getty
435 (*beide*) L.J. Willinger/Hulton Getty
436–437 Slim Aarons/Hulton Getty
438 Hulton Getty
439 Keystone/Hulton Getty
440–441 Slim Aarons/Hulton Getty
442 CBS Photo Archive/Archive Photos
443 MPI/Hulton Getty
444–445 Slim Aarons/Hulton Getty
446 Archive Photos
447 (*beide*) Frank Driggs/Archive Photos
448 (*oben*) Archive Photos, (*unten*) The Observer/Hulton Getty
449 Slim Aarons/Hulton Getty
450 (*oben*) Archive Photos, (*unten*) Peter Borsari/FPG International
451 Archive Photos
452 Picture Post/Hulton Getty
453 Ernst Haas/Hulton Getty
454 (*oben*) Express Newspapers/Archive Photos, (*unten*) Bob Parent/Archive Photos
455 Bob Parent/Archive Photos
456 Tony Vaccaro/Archive Photos
457 Sherman/Hulton Getty
458 Fenno Jacobs/Hulton Getty
459–461 Orlando/Hulton Getty
462 Three Lions/Hulton Getty
463 (*oben*) Vecchio/Hulton Getty, (*unten*) Pet/Hulton Getty
464–465 Pet, Barry/Hulton Getty
466 (*oben*) Barry/Hulton Getty, (*unten*) MPI/Hulton Getty
467 Evans/Hulton Getty
468 Susan Schiff Faludi/Hulton Getty
469 (*oben*) Newman/Hulton Getty, (*unten*) Yearwood/Hulton Getty
470 (*oben*) Archive Photos, (*unten*) MPI/Hulton Getty
471 Archive Photos
472–473 Orlando/Hulton Getty
474–475 Central Press/Hulton Getty
476 Pet/Hulton Getty
477 (*oben*) Doreen Spooner/Hulton Getty, (*unten*) Three Lions/Hulton Getty
478–479 Orlando/Hulton Getty
480 Slim Aarons/Hulton Getty
481 Keystone/Hulton Getty

1960–1969

482–483 Ernst Haas/Hulton Getty
484 (*oben*) Archive Photos, (*unten*) Ernst Haas/Hulton Getty
485 MPI/Hulton Getty
486–487 Archive Photos
488 Slim Aarons/Hulton Getty
489 (*oben*) Slim Aarons/Hulton Getty, (*unten*) Vince Finnegan/Hulton Getty
490 Archive Photos
491 (*oben*) Archive Photos, (*unten*) Keystone/Hulton Getty
492 Lambert/Archive Photos
493 CNP/Archive Photos
494 (*oben*) MPI/Hulton Getty, (*unten*) Archive Photos
495 Neil Armstrong (NASA)/Hulton Getty
496–497 CNP/Archive Photos
498–501 Ernst Haas/Hulton Getty
502 Archive Photos
503 Pittsburgh Courier Archives/Archive Photos
504–505 Ernst Haas/Hulton Getty
506–507 Three Lions/Hulton Getty
508 Bernard Godfryd/Archive Photos

509 Hulton Getty
510 Sally Soames/Hulton Getty
511 Frank Driggs/Archive Photos
512 Fotos International/Archive Photos
513 Three Lions/Hulton Getty
514 Evening Standard/Hulton Getty
515 M.J. Stroud/Hulton Getty
516 Terry Thompson/Archive Photos
517 (*oben*) Archive Photos, (*unten*) Hulton Getty
518 Evening Standard/Hulton Getty
519–521 Hulton Getty
522–523 Santi Visalli Inc./Archive Photos
524–525 Michael Webb/Hulton Getty
526 F. Gillon/Hulton Getty
527 Archive Photos
528 Schafer/Hulton Getty
529 Ernst Haas/Hulton Getty
530 Slim Aarons/Hulton Getty
531 F. Roy Kemp/Hulton Getty
532 Weegee (Arthur Fellig)/Hulton Getty
533 Keystone/Hulton Getty
534–537 Archive Photos
538 Tom Kelley/Archive Photos
539 (*oben*) Keystone/Hulton Getty,
(*unten*) Archive Photos
540 Evening Standard/Hulton Getty
541 Keystone/Hulton Getty
542–543 Ernst Haas/Hulton Getty
544 Archive Photos
545 (*oben*) Ernst Haas/Hulton Getty,
(*unten*) William Lovelace/Hulton Getty
546–549 Archive Photos

1970–1979

550–551 Russell Turiak/Liaison Agency
552 (*oben*) Fotos International/Archive Photos,
(*unten*) CBS Television/Archive Photos
553 Matthew Naythons/Liaison Agency
554 Frank Edward/Fotos International/Archive Photos
555 Archive Photos
556 Joseph Sia/Archive Photos
557 (*oben*) Joseph Sia/Archive Photos,
(*unten*) Archive Photos
558 (*oben*) CBS Photo Archive/Archive Photos,
(*unten*) Archive Photos
559 Hulton Getty
560 (*oben*) Peter Keegan/Hulton Getty,
(*unten*) Brian F. Alpert/Hulton Getty
561 Peter Keegan/Hulton Getty
562 Archive Photos
563 Ernst Haas/Hulton Getty
564 (*oben*) Tim Boxer/Archive Photos,
(*unten*) Sara Krulwich/New York Times Co./
Archive Photos
565 Russell Reif/Archive Photos
566–569 Ernst Haas/Hulton Getty
570 Santi Visalli Inc./Archive Photos
571 Tyrone Dukes/New York Times Co./Archive Photos
572–573 Ernst Haas/Hulton Getty
574 MPI/Hulton Getty
575 Bernard Gotfryd/Archive Photos
576 Slim Aarons/Hulton Getty
577 Bernard Gotfryd/Archive Photos
578–579 MPI/Hulton Getty
580 (*oben*) Hulton Getty, (*unten*) Archive Photos
581 Peter I. Gould/Hulton Getty
582 Ty Dukes/New York Times Co./Archive Photos
583 (*oben, links*) MPI/Hulton Getty,
(*oben, rechts*) Archive Photos,
(*unten*) Keystone/Hulton Getty
584–589 Ernst Haas/Hulton Getty
590 Reigler/Archive Photos
591 Ernst Haas/Hulton Getty
592–593 Archive Photos
594–595 Archive Photos
596 Keystone/Hulton Getty
597 (*oben*) Russell Turiak/Liaison Agency,
(*unten*) Robin Platzer/Hulton Getty
598 Fotos International/Archive Photos
599 Bernard Gotfryd/Archive Photos
600 Hulton Getty
601 (*oben*) Keystone/Hulton Getty,
(*unten*) Archive Photos
602–603 Fox Photos/Hulton Getty
604–605 Ernst Haas/Hulton Getty
606 Timothy Carlson/New York Times Co./
Archive Photos
607 Photo File/Archive Photos
608 Central Press/Hulton Getty
609 Max B. Miller/Fotos International/Archive Photos
610 Archive Photos
611 (*oben*) Gerald Davis/Archive Photos,

(*unten*) Keystone/Hulton Getty
612 (*oben*) Keystone/Hulton Getty, (*unten*) Pictoral Parade/Archive Photos
613 Ernst Haas/Hulton Getty
614 Keystone/Hulton Getty
615 Hulton Getty
616–617 Courtesy Lucas Film
618 Keystone/Hulton Getty
619 (*oben*) Ernst Haas/Hulton Getty, (*unten*) Santi Visalli Inc./Archive Photos

1980–1989

620–621 Steven Falk/Liaison Agency 1986
622 (*oben*) Tony Duffy/Allsport, (*unten*) MPI/Hulton Getty
623 Archive Photos
624–625 Bernard Gotfryd/Archive Photos
626 Nancy R. Schiff/Archive Photos
627 Richard Schulman/Liaison Agency
628 Santi Visalli Inc./Archive Photos
629 MPI/Hulton Getty
630 Keystone/Hulton Getty
631 (*oben*) Keystone/Hulton Getty, (*unten*) Darlene Hammond/Archive Photos
632–633 Ernst Haas/Hulton Getty
634 Keystone/Hulton Getty
635 Max Schneider/Hulton Getty
636 Keystone/Hulton Getty
637 Ben Gibson/Hulton Getty
638–639 Ernst Haas/Hulton Getty
640–641 MPI/Hulton Getty
642–643 Lambert/Archive Photos
644 Ernst Haas/Hulton Getty
645 Tom Bean/Stone Images
646 (*oben*) Keystone/Hulton Getty, (*unten*) Central Press/Hulton Getty
647 Deborah Feingold/Archive Photos
648 Reuters/Peter Morgan/Archive Photos
649 (*oben*) Courtesy MovieStar News, (*unten*) Darlene Hammond/Archive Photos
650–651 Ernst Haas/Hulton Getty
652 (*oben*) Keystone/Hulton Getty, (*unten*) Fotos International/Archive Photos
653 Laurence Agron/Archive Photos
654 Hulton Getty
655 Keystone/Hulton Getty
656 Columbia Pictures/Archive Photos
657 (*beide*) Hulton Getty
658 Keystone/Hulton Getty
659 Bernard Gotfryd/Archive Photos
660 (*oben*) Hulton Getty, (*unten*) Deborah Feingold/Archive Photos
661 Archive Photos
662 Hulton Getty
663 Paul Rodriguez/Liaison Agency 1983
664 J.M. Giboux/Liaison Agency
665 (*beide*) Deborah Feingold/Archive Photos
666 Frank Edwards/Foto International/Archive Photos
667 Peter I. Gould/Hulton Getty
668 Bernard Gotfryd/Hulton Getty
669 (*oben*) Nancy R. Schiff/Archive Photos, (*unten*) J. Becker/Liaison Agency 1984
670 Deborah Feingold/Archive Photos
671 (*oben*) Marilyn K. Yee/New York Times Co./ Archive Photos, (*unten*) MPI/Hulton Getty
672 Keystone/Hulton Getty
673 Bernard Gotfryd/Archive Photos
674–675 Tony Duffy/Allsport
676 Photo File/Archive Photos
677 T.G. Higgins/Allsport
678 Darlene Hammond/Archive Photos
679 Sporting News/Archive Photos
680 Trevor Jones/Allsport
681 Bob Martin/Allsport
682–683 Ernst Haas/Hulton Getty
684–689 Hulton Getty

1990–1999

690–691 Grant Taylor/Stone Images
692 (*oben*) Jonathon Elderfield/Liaison Agency/ Newsmakers, (*unten*) MPI/Hulton Getty
693 Tom Able-Green/Allsport
694–695 Bruce Ayres/Stone Images
696–697 Hiroyuki Matsumoto/Stone Images
698 Robert E. Daemmrich/Stone Images
699 Chad Slattery/Stone Images
700–701 Paul Souders/Stone Images
702 Paul Chesley/Stone Images
703 Philip Coblentz/Stone Images
704–705 Ron Sherman/Stone Images

706 Donovan Reese/Stone Images
707 Steven Weinberg/Stone Images
708 John Gress/Newsmakers
709 Brian Cleary/Newsmakers
710 (*oben*) David Tracy/Newsmakers, (*unten*) Karin Cooper/Newsmakers
711 Keith Brofsky/Stone Images
712–713 Tyler Mallory/Newsmakers
714 Howard Sachs/CNP/Archive Photos
715 Richard Ellis/Newsmakers
716–717 Ron Sachs/CNP/Archive Photos
718 Hulton Getty
719 (*oben*) Keystone/Hulton Getty, (*unten*) MPI/Hulton Getty
720–721 Jules Frazier/Stone Images
722 Mike Theiler/Newsmakers
723 Tim Boyle/Newsmakers
724 Phil Cole/Allsport
725 Clive Brunskill/Allsport
726 (*oben*) Todd Warshaw/Allsport, (*unten*) Mike Fialla/Newsmakers
727 John Todd/Newsmakers
728 Jamie Squire/Allsport/Newsmakers
729 Mark Green/Stone Images
730 Darlene Hammond/Archive Photos
731 (*oben*) Maria Melin/ABC/Newsmakers, (*unten*) Rex Banner/Newsmakers
732 Bill Swersey/Newsmakers
733 (*oben*) Karl Feile/Archive Photos, (*unten*) Robin Platzer/Online USA/Newsmakers
734 (*links*) Victor Malafronte/Archive Photos, (*rechts*) Archive Photos
735 Dan Callister/Online USA/Newsmakers
736 (*oben*) Darius Anthony/Castle Rock Entertainment, (*unten*) Kostas Alexander/Archive Photos
737 Victor Malafronte/Archive Photos
738–739 Miranda Shen/Fotos International/Archive Photos
740 Scott Harrison/Archive Photos
741 (*oben*) Karl Feile/Archive Photos, (*unten*) Jeff Christensen/Newsmakers
742 (*links*) Courtesy White House Pool/Marshell/Newsmakers, (*rechts*) RAC/Newsmakers
743 Tim Chapman/Newsmakers
744 Darlene Hammond/Archive Photos
745 (*oben*) Sonia Moskowitz/Archive Photos, (*unten*) Adrian Rogers/Focus/Newsmakers
746 (*oben*) Artisan Entertainment/Newsmakers, (*unten*) Archive Photos
747 Brian Hamill/Archive Photos
748 Charles Mason/Stone Images
749 (*oben*) Glenn E. Sircy/U.S. Navy/Newsmakers, (*unten*) RAC/Newsmakers
750–751 Courtesy Lucas Films
752 Courtesy NASA/Newsmakers
753 Brian Cleary/Newsmakers

2000

754–755 Chris Hondros/Newsmakers
756 (*beide*) Chris Hondros/Newsmakers
757 Liaison Agency/Newsmakers
758–759 H. Rumph, Jr./Newsmakers
760–761 William Thomas Cain/Newsmakers
762 Robert Giroux/Liason Agency/Newsmakers
763 Jamal A. Wilson/Newsmakers
764–765 Tim Boyle/Newsmakers
766–767 Neil Jacobs/Newsmakers
768–769 Chris Hondros/Newsmakers
770–771 Lara Jo Regan/Newsmakers

Register

A

B

C

D

E

F

H

I

J

K

L

N

O

P

S

T

U

V

W

X

Y

Z

Danksagung

Autor

Ich möchte meine ganz besondere Anerkennung für Barbara Berger zum Ausdruck bringen, ohne die dieses Buch nicht zustandegekommen wäre. Ihr Geschick im Bearbeiten und Redigieren scheint auf jeder einzelnen Seite dieses Bandes durch.

– Martin W. Sandler

Verlag

DK Publishing, Inc., möchte folgenden Personen und Organisationen für ihre unschätzbare Hilfe danken: Charles Merullo von Hulton Getty Publishing Projects, der dieses Buch möglich gemacht hat, Timothy Shaner von Night & Day Design für seine Hingabe und das wunderbare, durchdachte Layout, Martin W. Sandler für seinen Enthusiasmus und den kenntnisreichen Text, Carol Weiss Sandler für ihre tadellose Abschrift des Manuskripts und Walter Cronkite für seine liebenswürdige Unterstützung. Für ihre unermüdliche Hilfe bei der Bereitstellung von Fotomaterial danken wir: Liz Ihre von Hulton Getty, Arlete Santos und Eric Rachlis von Archive Photos, Nancy Glowinski von der Liaison Agency, Eric Smalkin von Newsmakers, Suzi Schatz und David Blake von Stone Images, Paul Oliver bei FPG International und Robert Ritter von Allsport. Besonderer Dank geht an Nanette Cardon von Iris für ihre Arbeit am Register sowie an Marlene Adler und Julie Suckman in Mr. Cronkites CBS-Büro für ihre Freundlichkeit und Unterstützung. Dankbar sind wir auch: Iain Morris von Lucas Licensing, Ian Metrose von Castle Rock Entertainment, Laarnie Ragaza, Christopher Measom, Rose Lynn Marra von Kelly & Salerno Communications, Beth Adelman, Ray Rogers, Mandy Earey, Michelle Baxter, Jill Bunyan, Fiona Macmillan und Darren Frankland.